새 연세한국어 어휘와 문법 4-2

연세대학교 한국어학당 편

연세대학교 출판문화원

머리말

연세대학교 한국어학당은 1959년에 설립된 한국 최초의 외국어로서의 한국어 교육 기관이다. 연세대학교 한국어학당은 그간의 역사와 명성에 걸맞게 다양한 한국어 교재 편찬 및 관련 연구를 해옴으로써 한국어 교육을 선도해 왔다. 지금까지 전 세계에서 온 약 150여 개국의 17만여 명에 이르는 한국어 학습자에게 한국어와 한국 문화를 가르쳐 왔으며, 최근에는 빠른 속도로 변화해 가는 교육 환경에 맞추어 오프라인 한국어 교육뿐만 아니라 온라인 한국어 교육 콘텐츠 개발에도 노력을 기울이고 있다. 이미 세계 각국의 한국어 학습자를 대상으로 글로벌 온라인 대중 공개 강좌(MOOC)를 개설하여 학습자들로부터 큰 호응을 얻었고 연세대학교 온라인 교육 혁신 플랫폼인 런어스(LearnUs)에도 최신 기술을 활용한 한국어 콘텐츠를 올려서 학습자들을 만나는 중이다.

연세대학교 한국어학당은 그간 일반 목적 한국어 학습자들뿐만 아니라 특수 목적 한국어 학습자들을 대상으로 정규과정, 단기과정, 대학 한국어 과정 등 다양한 교육과정을 개설 운영하면서 학습자의 요구에 부응하는 최상의 교재를 개발해 왔다. 이러한 교재들은 국내외의 한국어 교육 기관에서 교사와 학습자들의 다양한 요구를 충족시키며 양질의 한국어 교수·학습을 위해 널리 사용되고 있다.

연세대학교 한국어학당은 그간 가장 큰 호응을 받아 왔던 '연세한국어' 1급~6급의 뒤를 이을 새로운 교재로 '새 연세한국어' 시리즈를 기획 출간하게 되었다. 이 교재의 개발을 위해 한국어 교육 현장 경험이 풍부한 전문 한국어 교육학자 및 교사들이 대거 투입되었고 최상의 한국어 교수법 및 학습자 집단의 요구에 대한 이해를 바탕으로 개발 작업이 장기간에 걸쳐 수행되었다.

이번에 출간된 '새 연세한국어' 시리즈는 총 6단계로 각 단계마다 어휘와 문법 교재, 말하기와 쓰기 교재, 듣기와 읽기 교재로 구성되어 있다. '새 연세한국어 어휘와 문법'은 한국어 학습자들이 각 숙달도별로 가장 필수적으로 익혀야 하는 주요 어휘와 문법에 대한 이해와 활용을 중심으로 구성되었다. '새 연세한국어 말하기와 쓰기'는 원활한 한국어 의사소통을 위해 꼭 필요한 표현 기능을 수행할 수 있도록 말하기, 쓰기 과제를 중심으로 구성되었다. 또한 '새 연세한국어 듣기와 읽기'는 듣기, 읽기 과제를 중심으로 각 급별 숙달도에 적절한 이해 능력을 함양시킬 수 있도록 구성되었다. 이 세 권의 교재는 어휘·문법, 표현, 이해 능력의 고른 발달을 위해 패키지로 함께 사용될 수도 있고, 교육 현장 여건이나 학습자의 요구에 따라 별도로 사용될 수도 있다. 또한 어휘와 문법 교재의 경우 별도의 지침서가 무료로 제공되므로 교육 경험이 다소 부족한 국내외의 한국어 교사들에게 유용한 길잡이가 될 수 있을 것이다.

연세대학교 한국어학당은 앞으로도 전 세계의 한국어 학습자들의 요구와 기대에 부응하는 교재 개발을 위해 최선을 다할 것이다. 아울러 본 교재가 국내외에서 한국어 교육을 위해 노력을 아끼지 않는 많은 교사와 한국어 학습을 위해 노력하는 모든 학습자들에게 크게 도움이 되기를 바란다.

연세대학교 언어연구교육원

한국어학당 교재편찬위원회

일러두기

교재 전체 구성

- 총 20개의 과로 각 과는 두 개의 항씩 총 40개의 항으로 이루어짐.
- 항별로 연습문제가 수록되어 있고 과별로 복습문제가 수록되어 있음.
  (1항 - 1항 연습문제 - 2항 - 2항 연습문제 - 복습문제)
- **어휘:** 해당 항의 대화 어휘와 그 과의 주제와 관련이 있거나 4급에서 습득해야 할 어휘와 표현을 확장하여 제시함.
- **문법:** 항별로 두 개씩의 문법 항목을 제시하여 한 과에 총 네 개의 문법 항목이 있음.
- **연습문제:** 배운 어휘와 문법을 연습할 수 있도록 부록으로 첨부함.
  어휘: 해당 항의 대화 어휘를 중심으로 연습하도록 함.
  문법 1번: 문장을 연결하여 한 문장으로 쓰기, 목표 문법을 활용하여 문장 바꾸기 등의 단순한 문법 연습으로 이루어짐.
  2번: 대화를 완성하거나 문장을 완성하는 형태로 문제를 통해 맥락 안에서 문법 사용을 연습하도록 함.
- **복습문제:** 과 전체(두 개의 항)의 어휘와 문법을 확인 학습할 수 있도록 함.
  -1번: 과 전체 어휘를 모두 아우르는 문제로 이루어짐.
  -2번: 과 전체 문법을 모두 아우르는 문제로 이루어짐.
- **모범 답안:** 연습문제와 복습문제의 모범답안을 제시하여 혼자 연습하는 학습자의 경우에도 도움을 받을 수 있도록 함.
- **색인:** 어휘와 문법 색인에는 각 과에서 다루어진 어휘와 문법을 각각 가나다 순으로 정리하여 제시함.
- **별책:** 대화, 어휘, 문법의 의미와 용법, 문법 용례를 실어 학습자들이 별책만을 가지고도 쉽고 간편하게 연습할 수 있도록 함.

세부 내용 구성

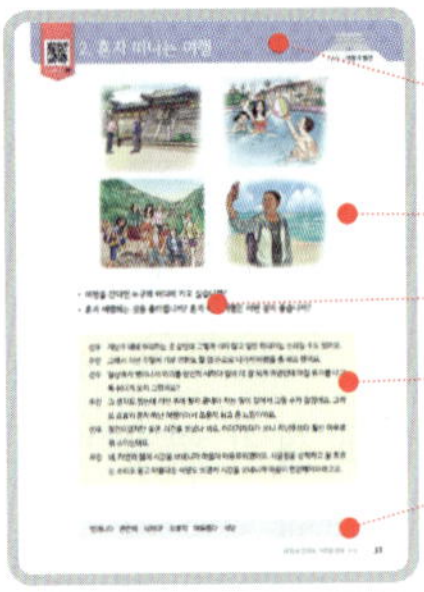

- **항 제목:** 주제를 잘 설명할 수 있는 명사구로 선정함.
- **도입 그림:** 항의 주제나 대화 내용과 관계있는 그림을 제시함.
- **도입 질문:** 항의 주제나 대화 내용과 관계있는 질문으로 제시함.
- **대화:** 두 사람 이상의 대화로 구성하였으며 3~4개의 대화 쌍으로 이루어짐.
- **대화 어휘:** 대화를 이해할 때 알아야 할 어휘를 아래에 제시함.

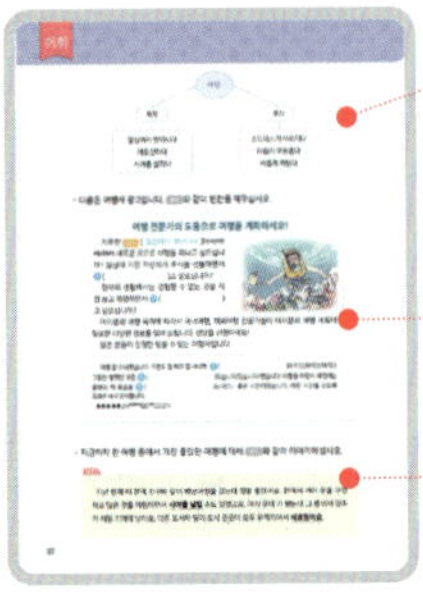

- **확장 어휘:** 해당 항의 주제와 관련이 있거나 4급에서 학습해야 할 어휘와 표현을 제시함. 의미망을 중심으로 어휘와 표현을 제시하여 학습자들이 어휘와 표현의 의미를 쉽게 유추하여 이해할 수 있도록 함.
- **어휘 연습 1:** 어휘의 의미와 용법을 이해했는지 확인할 수 있도록 다양한 활동으로 구성함.
- **어휘 연습 2:** 이해한 어휘를 활용하여 개인의 경험을 이야기할 수 있도록 구성함.

- **문법:** 해당 항의 문법 항목을 제시함.
- **문법 연습:** 배운 문법을 적절히 사용할 수 있는 말하기 활동을 중심으로 구성함. 활동의 방법을 알 수 있도록 <보기>를 제시함.

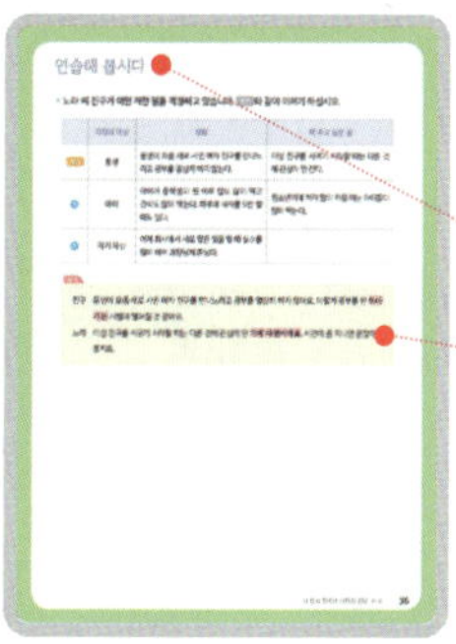

- **연습해 봅시다:** 각 항의 문법을 모두 아울러 말할 수 있도록 함.
- **<보기> 대화:** 보기의 대화를 제시하여 학습자가 쉽게 연습할 수 있도록 함.

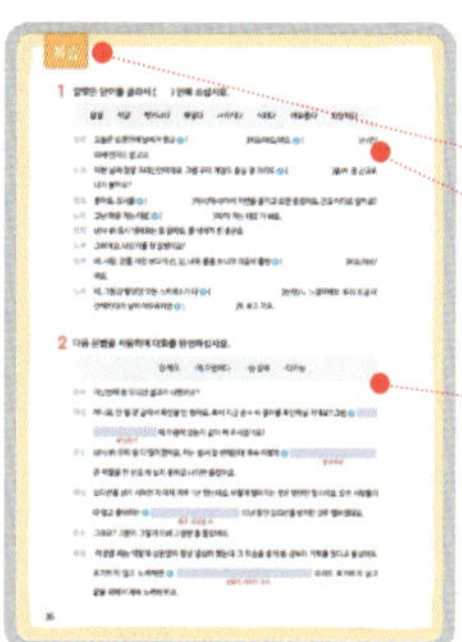

- **복습:** 과 전체의 어휘와 문법을 확인 학습할 수 있도록 함.
- **1번:** 알맞은 어휘를 골라 대화나 글을 완성하도록 함. 과 전체 어휘를 모두 아우르는 문제로 대화 어휘와 확장어휘를 모두 복습·확인할 수 있도록 함.
- **2번:** 과 전체 문법을 모두 아우르는 문제로 네 개의 문법 항목을 하나의 담화 상황에서 사용하여 연습할 수 있도록 함.

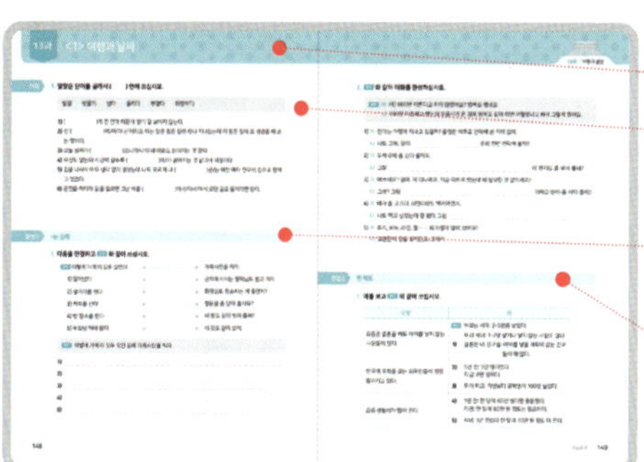

- **연습문제:** 항별로 배운 어휘와 문법을 연습할 수 있도록 함.
- **어휘:** 알맞은 어휘를 골라 각 문장을 완성하는 문제로 대화 어휘를 연습하도록 함.
- **1번:** 두 문장을 연결하여 한 문장으로 쓰기, 문장 바꾸기 등의 단순한 문법 연습으로 이루어짐.
- **2번:** 대화를 완성하거나 스스로 문장을 만드는 등의 문제를 통해 맥락 안에서 문법을 사용할 수 있게 연습하도록 함.

단원구성

과	소단원	문법	대화 어휘	확장 어휘
11과 현대인과 도시 생활	<1> 효율적인 시간 관리	-는다든가 -는다든가 -는다니까	구체적, 계획적, 자투리, 낭비하다, 미루다, 반성하다	만족스럽다, 만족하다, 불만족스럽다, 실천하다, 점검하다
	<2> 도심 속 자연	-더니[2] -었다 하면	도심, 안정, 한잔하다, 온통, 틈틈이	길눈이 어둡다, 눈이 높다, 눈이 빠지게 기다리다, 발이 넓다, 발이 묶이다, 손을 잡다, 손이 크다, 입에 담다, 입이 무겁다, 입이 짧다
12과 문화의 이해	<1> 예절과 언어표현	-는다고 해도 -을 걸 그랬다	존댓말, 놓다[2], 숙이다, 존중하다, 무조건, 아무튼	격식적, 비격식적, 연령, 인간관계, 지위, 공손하다
	<2> 문화 차이	치고 -는 것처럼	일행, 건네다, 포근하다, 간혹, 왠지	고유문화, 대중가요, 대중문화, 주거, 충격, 현대, 받아들이다, 접하다
13과 여행과 발견	<1> 여행과 날씨	-는 김에 만 해도	발길, 빗줄기, 넘다, 돌리다, 뿌옇다, 화창하다	일교차, 걷히다, 굵어지다, 벌어지다, 짙다
	<2> 혼자 떠나는 여행	-다가는 -게 마련이다	석양, 벗어나다, 식히다[2], 여유롭다, 오로지, 완전히	시야, 깨닫다, 사라지다, 새롭다, 재충전하다
14과 대중문화	<1> 방송과 영상	-는다고요 -었더라면	범인, 소재, 예능, 오가다, 일어나다, 출연하다, 흥미롭다	사회자, 시청자, 제작자, 진행자, 출연자, 평가자, 담당하다, 시청하다 제작하다, 사회를 보다
	<2> 1인 방송	에 관한 -는다면야	반응, 실시간, 콘텐츠, 끌다, 반영하다, 참여하다, 그때그때	기획, 생중계, 양방향, 편집, 조회 수

과	소단원	문법	대화 어휘	확장 어휘
15과 여가 생활	<1> 남산 둘레길	-는가 하면 -는다는	둘레, 매력, 산책로, 삶, 표지판, 금강산도 식후경	고래 싸움에 새우 등 터진다, 고생 끝에 낙이 온다, 그림의 떡, 돌다리도 두들겨 보고 건너라, 믿는 도끼에 발등 찍힌다, 배보다 배꼽이 크다, 시작이 반이다, 호랑이도 제 말 하면 온다
	<2> 경제적인 여가생활	-는다지요? -든지 -든지	경제적, 대여소, 안전모, 장비, 가르다, 마음껏	만족시키다, 안정시키다, 오염시키다, 이해시키다, 향상시키다, 훈련시키다
16과 생활 속의 환경 문제	<1> 재활용과 재사용	-게요 -던가요?	개성, 사회적, 심각하다, 완성하다, 증가하다, 갈수록, 환경 오염	이익, 묻다, 재사용하다, 재활용하다, 처리하다
	<2> 환경과 생활 습관	-더니[3] -도록 하다	면, 일회용품, 불필요하다, 다소, 되도록	과대, 구입, 무절제하다, 자제하다, 최소화하다
17과 개인과 공동체	<1> 개인주의	-었을 텐데 -는 둥 마는 둥 하다	사다, 참석하다, 귀를 기울이다, 눈치를 보다, 뭐라고 하다, 손발을 맞추다	시선, 타인, 당당하다, 두렵다, 외면하다, 의식하다, 개의치 않다
	<2> 함께 사는 집	-는 만큼 -는다고[1]	공동생활, 비교적, 여럿, 정기적, 둘러보다, 입주하다, 쇠뿔도 단김에 빼랬다(빼라)	공용, 동거인, 사생활, 사적, 제약
18과 변화하는 사회	<1> 사고방식의 변화	-꼴로 -는 수가 있다	개념, 경향, 기성세대, 투자, 현실적, 대비하다	개방적, 보수적, 비합리적, 이상적, 진보적, 집단, 합리적
	<2> 도시의 변화	-으려나 보다 하면	원래, 꾸미다, 둘러싸이다, 떠올리다, 부수다, 끊임없이	개선, 발달, 확장, 번화하다, 쾌적하다, 활기차다

과	소단원	문법	대화 어휘	확장 어휘
19과 나의 삶	<1> 선택	-는다며 -을 따름이다	독립, 집세, 고려하다, 신중하다, 철없다	권유, 사항, 여건, 주위, 형편
	<2> 현재의 나, 미래의 나	과연 -을까요? -어 가면서	앞날, 내세우다, 이루어지다, 펼쳐지다, 한창	예감, 예고, 예방, 예비, 예상
20과 한국의 명절	<1> 설날	이야 -으라고	덕담, 마찬가지, 세뱃돈, 맞이하다, 쓸쓸하다, 간신히, 설마	국가적, 문화적, 배경, 종교적, 풍습
	<2> 추석	-게[2] -으랴 -으랴	보름달, 조상, 커다랗다, 슬슬, 차례 상	조그맣다, 번쩍번쩍, 볼록, 불룩, 소곤소곤, 수군수군, 쏙, 쑥, 졸졸, 줄줄, 콩콩, 쿵쿵, 퐁당, 풍덩

차례

머리말 / iii
일러두기 / iv
단원구성 / vi
등장인물 / x

4-2

제11과	현대인과 도시 생활	1
제12과	문화의 이해	13
제13과	여행과 발견	25
제14과	대중문화	37
제15과	여가 생활	49
제16과	생활 속의 환경 문제	61
제17과	개인과 공동체	73
제18과	변화하는 사회	85
제19과	나의 삶	97
제20과	한국의 명절	109

부록
문법연습 / 122
연습문제 / 135
모범 답안(교재) / 196
연습문제 답안 / 205
색인 / 212

4-1

제1과	건강한 생활	1
제2과	한국어 학습	13
제3과	성격과 환경	25
제4과	나의 진로	37
제5과	생활 속의 경제	49
제6과	의사소통과 표현	61
제7과	일상생활	73
제8과	문제와 해결	85
제9과	정보화 사회	97
제10과	현대인의 모습	109

등장인물 | Main characters

에릭 파커
- 미국
- 한국어학당 학생
- 한국전자 직원

존 카마우
- 케냐
- 한국어학당 학생
- 교환학생

사토 유키
- 일본
- 한국어학당 학생
- 기자

리타오
- 중국
- 한국어학당 학생
- 대학 입학 예정자

노라 한슨
- 노르웨이
- 한국어학당 학생
- 대학원 입학 예정자

최주앙
- 브라질
- 한국어학당 학생
- 대학 휴학생

응웬 흐엉
- 베트남
- 한국어학당 학생

레오 마르탱
- 프랑스
- 한국어학당 학생
- 요리사

올리비아 스미스
- 호주
- 한국어학당 학생
- 외교관

이윤아
- 한국
- 대학생

정하늘
- 한국
- 대학생

김우진
- 한국
- 한국전자 직원

11과

현대인과 도시 생활

01 효율적인 시간 관리

대화 어휘 계획적, 구체적, 자투리, 낭비하다, 미루다, 반성하다

확장 어휘 만족스럽다, 만족하다, 불만족스럽다, 실천하다, 점검하다

문법 -는다든가 -는다든가

-는다니까

02 도심 속 자연

대화 어휘 도심, 안정, 한잔하다, 온통, 틈틈이

확장 어휘 길눈이 어둡다, 눈이 높다, 눈이 빠지게 기다리다, 발이 넓다, 발이 묶이다, 손을 잡다, 손이 크다, 입에 담다, 입이 무겁다, 입이 짧다

문법 -더니[2]

-었다 하면

MP3 / 21

1. 효율적인 시간 관리

- 여러분은 바쁠 때 시간 관리를 어떻게 합니까?
- 계획을 세웠을 때와 계획을 세우지 않았을 때 결과가 어떻게 다릅니까?

존 우진 씨는 계획적으로 생활하는 편이에요?

우진 네, 저는 구체적으로 계획을 세워서 생활하는 편이에요. 처음에는 계획을 세우는 것이 귀찮았는데 익숙해지니까 자투리 시간도 낭비하지 않게 되어서 좋아요.

존 저는 계획을 세우지 않고 그냥 상황에 맞춰 일을 한다든가 시간이 나면 친구를 만난다든가 해요. 그러다 보니까 일을 미루거나 빠뜨리는 경우가 종종 있어요.

우진 시간을 효율적으로 사용해야 성공을 할 가능성이 높아진다니까 존 씨도 이제부터 계획을 세워 보세요.

존 네, 우진 씨 이야기를 듣고 보니까 반성하게 되네요. 이제는 저도 효율적으로 시간을 사용할 수 있도록 계획을 세워야겠어요.

우진 그렇게 시간을 관리하다가 보면 존 씨도 성공한 사람이 되어 있을 거예요.

계획적 구체적 자투리 낭비하다 미루다 반성하다

어휘

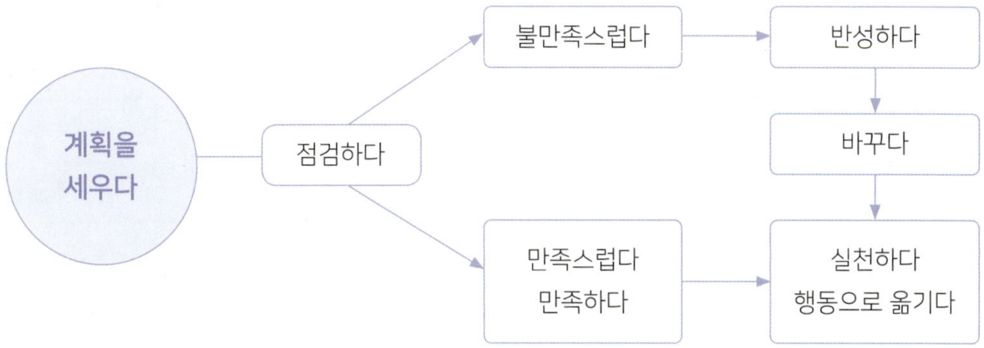

• 올리비아 씨는 주말마다 계획을 세웁니다. 보기 와 같이 빈칸을 채우십시오.

보기

저는 주말이 되면 다음 주에 할일이 무엇인지 생각합니다. 그 중에서 가장 중요한 일이 무엇인지, 급한 일이 무엇인지 메모를 합니다. 그리고 구체적으로 보기 (계획을 세웁니다)~~습니다/ㅂ니다~~. 그렇게 한 후에 계획이 잘 세워졌는지 ① (   )습니다/ㅂ니다.

이렇게 계획을 세워 놓으면 일주일 동안 계획대로 ② (   )으려고/려고 노력을 하게 되어 좋습니다. 계획한 것을 ③ (   )으면/면 시간을 낭비하지 않을 수 있고, 해야 하는 일을 미루지 않게 되어서 참 좋습니다.

일주일이 지나고 나서 계획을 세운 일이 잘 되었을 때는 정말 ④ (   )습니다/ㅂ니다. 그런데 계획대로 잘 되지 않아서 ⑤ (   )을/ㄹ 때는 먼저 어떤 부분이 잘못되었는지 ⑥ (   )는/은/ㄴ 후에 그 부분은 다른 계획으로 바꿉니다.

• 여러분은 한 주의 계획을 세웁니까? 어떻게 세우는지 보기 와 같이 이야기하십시오.

보기

저는 공부도 하고 아르바이트도 하면서 바쁘게 지내고 있기 때문에 한 주의 **계획을 세우지** 않으면 숙제도 잘할 수 없고 친구들을 만날 시간도 없어요. 그래서 주말이 되면 다음 주에 해야 할 공부와 일에 대한 계획을 세워요. 그리고 일주일 동안 계획한 것을 **실천하려고** 노력해요. 한 주가 지난 후에 계획대로 잘 되었는지 **점검해** 보고 부족한 부분이 있으면 **반성해요**.

문법

1 -는다든가/ㄴ다든가/다든가 -는다든가/ㄴ다든가/다든가

• 여러 가지 환불에 대한 규정입니다. 보기 와 같이 이야기하십시오.

	상황	예1	예2	환불, 교환 규정
보기	세탁소에서 세탁을 했다.	옷의 색깔이 바뀌었다.	옷이 작아졌다.	옷 가격의 일부를 세탁소에서 받을 수 있다.
1	구입한 에어컨이 배달됐다.	온도가 표시되는 화면에 금이 갔다.	에어컨의 한쪽의 색이 벗겨졌다.	에어컨을 구입한 곳에 에어컨을 새 것으로 교환해 달라고 할 수 있다.
2	가게에서 라면과 과자를 샀다.	라면 봉지에 유통 기한이 쓰여 있지 않다.	과자 봉지에 쓰여 있는 유통 기한을 알아보기 어렵다.	산 곳에서 교환을 해 달라고 할 수 있다.
3	사람들이 식당에서 같이 밥을 먹었다.	모두들 배가 아프다.	설사를 한다.	식당에서 치료비를 받을 수 있다.
4	인터넷 쇼핑몰에서 청소기를 샀다.	산 청소기가 인터넷 쇼핑몰에서 설명한 것과 다르게 힘이 약하다.	청소기를 돌릴 때 소리가 너무 시끄럽다.	반품할 수 있다.
5	휴대 전화를 새로 샀다.	화면이 켜지지 않는다.	화면의 움직임이 느리다.	서비스 센터에서 새 기계로 바꿀 수 있다.

보기

세탁소에서 세탁을 한 후에 **옷의 색깔이 바뀌었다든가 옷이 작아졌다든가 하면** 옷 가격의 일부를 세탁소에서 받을 수 있어요.

2 -는다니까/ㄴ다니까/다니까

• 리타오 씨가 한국에 대해서 아직 모르는 것이 많습니다. 리타오 씨의 질문에 보기와 같이 이야기하십시오.

보기 인천 공항에 갈 때 무엇을 타고 가면 편해요?

1. 친구 집들이에 갈 때 무슨 선물을 하면 좋아요?
2. 필요한 가구가 있는데 어디에 가면 싸게 살 수 있어요?
3. 조금 싸게 영화를 보는 방법이 있어요?
4. 제주도에는 언제 가는 것이 가장 아름다워요?
5. 좋은 공연을 좀 소개해 주세요.

- 한국 친구가 공항버스를 타고 가는게 편하다고 했다.
- 한국 사람들은 비누나 휴지를 많이 선물한다고 했다.
- 재활용 센터에서 가구를 싸게 살 수 있다고 했다.
- 아침 일찍 시작하는 영화표가 싸다고 했다.
- 봄에 유채꽃이 피어서 아름답다고 했다.
- 한국 가수의 콘서트가 볼 것이 많고 재미있다고 했다.

보기

리타오 인천공항에 갈 때 무엇을 타고 가면 편해요?

노라 공항버스를 타고 가는 게 가장 **편하다니까** 공항버스를 타고 가세요.

연습해 봅시다

• 우진 씨가 고민이 있거나 어려운 상황이 생긴 친구들에게 조언을 합니다. 보기 와 같이 이야기하십시오.

	상황	조언	고민	정보
보기	2월에 대학교를 졸업한다.	• 대학원에 진학한다 • 회사에 취직한다.	대학원에 대한 정보가 부족하다.	진학 상담실이 생겼다.
1	지금 사는 기숙사에서 다음 학기부터는 살 수 없다.	• 하숙집으로 이사를 간다. • 원룸으로 이사를 간다.	기숙사보다 비쌀 것 같아서 걱정이다.	싸고 좋은 방을 소개해 주는 인터넷 사이트가 있다.
2	일이 많아서 건강이 나빠졌다.	• 일을 줄인다. • 운동을 한다.	운동할 생각은 있는데 시간이 없다.	사무실에서 할 수 있는 간단한 운동이 많이 있다.

보기

친구 2월에 대학교를 졸업하는데 졸업하고 나서 뭘 해야 할지 모르겠어.

우진 대학원에 **진학한다든가 회사에 취직한다든가** 해야지.

친구 대학원에 가려고 하는데 대학원에 대한 정보가 부족해.

우진 진학 상담실이 **생겼다니까** 상담실에 가서 상담 선생님과 이야기를 해 봐.

친구 고마워. 진학 상담실에 가 봐야겠다.

2. 도심 속 자연

- 여러분 나라의 도시에서 자연을 즐길 수 있는 방법은 무엇입니까?
- 여러분은 집에서 직접 채소나 과일을 키운 적이 있습니까?

에릭 회사 일이 바빠서 요즘에는 공원에 가서 산책할 여유도 없어요.

우진 저는 바빠도 자연과 함께 하려고 노력해요. 요즘에는 아파트 베란다에서 식물을 키우고 있는데 방법을 잘 몰라서 틈틈이 관련된 책을 보고 있어요.

에릭 지난번에 우진 씨가 작은 나무와 꽃을 키우고 싶다고 하더니 정말 도심의 아파트에서 식물을 키우는군요.

우진 네, 근처에 자연을 즐길 만한 공원이 없어서 취미로 식물을 키우기 시작했는데요. 손이 좀 가긴 하지만 마음도 안정이 되고 좋아요.

에릭 제 생활과는 정말 다르네요. 저는 온통 일 생각뿐이에요. 잠깐이라도 시간이 났다 하면 친구들에게 연락해서 한잔하느라 바쁘고요.

우진 에릭 씨도 집에서 식물을 키워 보세요. 일상 속에서 자연을 느낄 수 있으니까 마음이 편안해져요.

틈틈이　도심　안정　온통　한잔하다

어휘

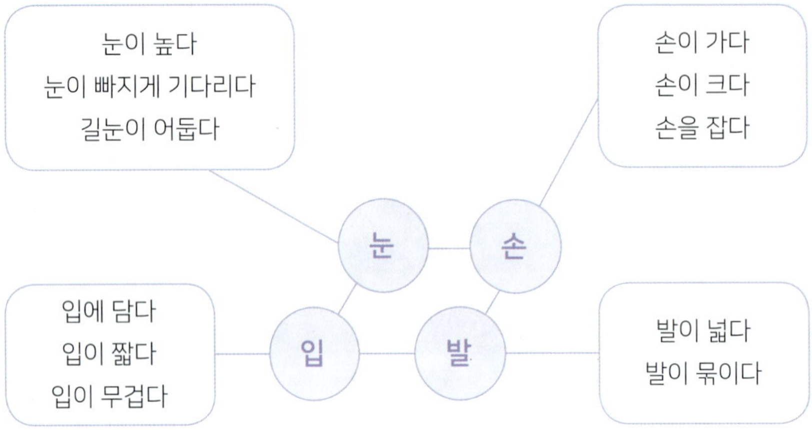

• 밑줄 친 부분과 의미가 같은 표현을 보기 와 같이 찾아 쓰십시오.

보기 우리 어머니는 음식을 준비할 때 **필요한 양보다 많이 준비해서** 음식이 항상 남는다.
(손이 커서)

1. 친구가 드라마에서 멋있는 주인공들을 많이 봐서 **평범한 사람은 좋아하지 않는다.**
( )
2. 제인은 **아는 사람이 많아서** 힘든 일이 있을 때 여기저기에서 도움을 많이 받는다.
( )
3. 형은 **한 번 먹은 음식을 잘 안 먹어서** 어머니가 식사를 준비하기가 힘들다고 하신다.
( )
4. 영화에서 주인공이 **입으로 말하기도** 힘든 나쁜 말을 했다.
( )
5. 약속 시간이 지나도 오지 않는 친구를 **언제 올지 계속 문을 쳐다보면서 오랫동안 기다렸다.**
( )
6. 친구는 **길을 잘 찾지 못해서** 전에 가 본 곳도 잘 못 찾아간다.
( )
7. 태풍 때문에 공항에서 사람들이 **비행기를 타지 못하고 있었다.**
( )
8. 민수는 **비밀을 잘 지켜서** 안심하고 말을 할 수 있다.
( )

• 위의 표현을 사용해서 보기 와 같이 자기 자신에 대해서 이야기하십시오.

보기

저는 드라마를 좋아해요. 드라마를 많이 봐서 그런지 **눈이 좀 높은 것 같아요.** 친구들은 외모보다 마음이 더 중요하다고 하지만 저는 드라마 주인공처럼 외모가 멋진 사람을 만나고 싶어요.

1 -더니[2]

• 에릭 씨가 오랜만에 친구들을 만났습니다. 보기와 같이 이야기하십시오.

	1년 전에 에릭 씨가 친구들에게 들었거나 알고 있던 것	친구들
보기	흐엉 씨는 베트남에 있는 한국 회사에서 일하고 싶다고 했어요.	
1	올리비아 씨는 기회가 되면 일본에서 일할 거라고 했어요.	
2	리타오 씨가 한국어 능력 시험 공부를 아주 열심히 하는 것을 봤어요.	
3	노라 씨는 한국 대학원에서 음악 공부를 하고 싶다고 했어요.	
4	존 씨는 돈을 많이 모을 거라고 했어요.	
5	주앙 씨는 시간이 나면 늘 여행을 가는 것을 봤어요.	

보기

흐엉 씨가 베트남에 있는 한국 회사에서 **일하고 싶다고 하더니** 한국 회사에 취직을 했다고 해요.

2 -었다/았다/였다 하면

• 우진 씨 친구가 본 우진 씨의 습관입니다. 보기와 같이 이야기하십시오.

보기		"우진아, 이번 여행지에서도 그곳 풍경이 담긴 엽서를 샀어?"
1		"우진아, 또 축구를 보려고?"
2		"우진아, 너는 봄이 되면 꼭 꽃구경을 가자고 하더라."
3		"우진아, 너 그 책 다 읽을 때까지 방에서 안 나올 거지?"
4		"오늘 초대한 손님들에게도 음식을 만들어서 대접할 거지?"
5		"우진아, 책상 정리를 하는 걸 보니까 너 스트레스를 받았구나."

보기

우진이는 여행을 **갔다 하면** 늘 여행지의 풍경이 담긴 엽서를 사요. 여행을 다녀온 후에 그 엽서를 보면서 여행 간 곳에서 있었던 일을 이야기해 줘요.

연습해 봅시다

• 다음은 하늘 씨 친구들의 이야기입니다. 보기 와 같이 이야기하십시오.

	친구	예전에 자주 하던 행동	달라진 계기	달라진 모습
보기	재혁	고등학교 동창들을 만나면 고등 학교 때 추억 이야기를 했다.	여자 친구를 사귀었다.	여자 친구 이야기만 한다.
1	은희	좋아하는 사람을 만나면 말을 못 했다. 동준이를 처음 만났을 때도 그랬다.	동준이와 한번 오래 이야기를 했다.	지금은 수줍음을 타지 않고 이야기를 잘한다.
2	승준	책을 펴면 금방 잠이 들었다.	책 읽는 동아리에 가입 했다.	

보기

내 친구 재혁이는 고등학교 동창들을 **만났다 하면** 고등학교 때 추억 이야기를 했어요. 그런데 여자 친구를 **사귀더니** 고등학교 때 추억 이야기는 하지 않고 여자 친구 이야기만 해요.

복습

1 알맞은 단어를 골라서 (　　) 안에 쓰십시오.

계획적　구체적　낭비하다　미루다　실천하다　점검하다　온통　틈틈이

태욱　요즘 회사 일이 많으니까 집에서도 ① (　　　　　　) 일 생각 뿐이에요.

민수　그럴수록 계획을 ② (　　　　　　)으로/로 세워서 ③ (　　　　　　)인 생활을 해야 해요.

태욱　할 일이 많으니까 해야 하는 시간에 하지 못하고 일을 ④ (　　　　　　)거나 중요한 일도 빠뜨려요.

　　　뭘 해야 할지 몰라서 오히려 시간을 더 ⑤ (　　　　　　)을/ㄹ 때도 많아요.

민수　정신없이 바쁠 때는 스스로 시간을 잘 활용하고 있는지 ⑥ (　　　　　　)어/아/야 봐야 해요.

　　　그렇지만 일만 하지 말고 ⑦ (　　　　　　) 쉬는 것도 정말 중요해요.

태욱　그렇게 하면 계획한 대로 ⑧ (　　　　　　)을/ㄹ 수 있겠지요?

2 다음 문법을 사용하여 대화를 완성하십시오.

-는다든가　-는다니까　-더니　-었다 하면

미선　상수 씨는 주말을 어떻게 보내세요?

상수　회사 일로 지쳐서 주말에는 소파에 ① ＿＿＿＿＿＿＿＿ 잠이 드네요.
　　　(눕다)

미선　바쁜 일상 속에서도 ② ＿＿＿＿＿＿＿＿＿＿＿＿ 하면서
　　　(운동을 하다, 영화를 보다)

　　　보내는 것이 더 좋지 않아요? 그렇게 해야 새로운 한 주를 시작할 힘도 생겨요.

상수　미선 씨는 자주 등산을 하러 ③ ＿＿＿＿＿＿＿＿ 더 건강해진 것 같아요. 요즘도 산에
　　　(가다)

　　　자주 가세요?

미선　네, 산에 다녀오면 기분이 좋아져요. 이번 주말에는 날씨가 ④ ＿＿＿＿＿＿＿＿ 같이
　　　(좋다)

　　　등산을 가시겠어요?

상수　좋아요. 이번 주말에 저도 산에 한번 가 볼까요?

12과

문화의 이해

01 예절과 언어 표현

대화 어휘 존댓말, 놓다[2], 숙이다, 존중하다, 무조건, 아무튼

확장 어휘 격식적, 비격식적, 연령, 인간관계, 지위, 공손하다

문법 -는다고 해도

-을 걸 그랬다

02 문화 차이

대화 어휘 일행, 건네다, 포근하다, 간혹, 왠지

확장 어휘 고유문화, 대중가요, 대중문화, 주거, 충격, 현대, 받아들이다, 접하다

문법 치고

-는 것처럼

1. 예절과 언어 표현

- 위 그림들 중에서 여러분은 어떤 인사가 제일 익숙합니까? 주로 언제 위와 같이 인사합니까?
- 여러분은 여러분보다 한두 살 나이가 많은 한국 친구를 어떻게 부릅니까?

헨리 존 씨는 한국 사람이 다 된 것 같아요.

존 네? 왜 그렇게 생각해요?

헨리 제가 나이가 한 살밖에 많지 않은데 존 씨가 식당에서 아주 자연스럽게 "형, 드세요"라고 말해서 놀랐어요.

존 예전에 에릭 형이 한국에서는 자기보다 나이가 많은 남자에게 형이라고 부르는 거라고 알려 줬어요. 그때부터 에릭 형에게도 형이라고 부르고 있어요.

헨리 저는 제가 나이가 많다고 해도 무조건 저한테 존댓말을 하거나 고개를 숙여서 인사하는 것이 아직 좀 어색해요. 존 씨한테도 처음부터 말을 놓자고 할 걸 그랬나 봐요.

존 그래도 한국말로 헨리 형을 부를 때는 형이라고 하는 게 낫지 않을까요? 아무튼 여기는 한국이니까 나이가 많은 사람을 존중하는 한국 문화를 따르는 것이 좋을 것 같아요.

무조건 존댓말 숙이다 놓다[2] 아무튼 존중하다

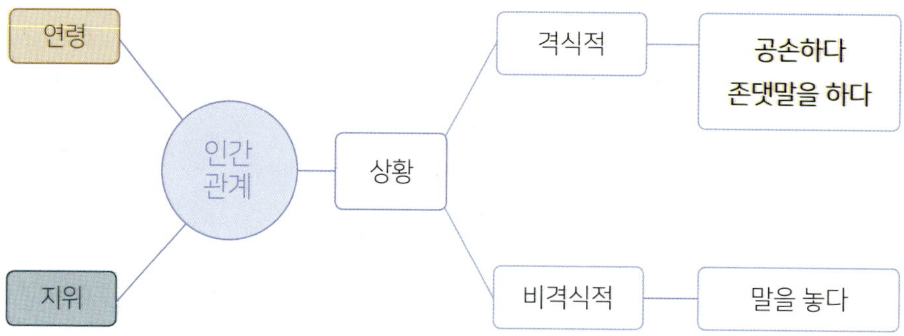

● 보기 와 같이 빈칸을 채우십시오.

[한국인의 예절]

예절은 원만한 보기 (인간관계를)을/를 위해서 꼭 필요한 것입니다. 한국 사람들은 다음과 같은 행동으로 상대방에게 예의를 표현합니다.

- 처음 만났을 때는 고개를 숙여서 ① (　　　　　)게 인사하고 처음 만난 사람에게는 ② (　　　　　)이나/나 ③ (　　　　　)에 관계없이 존댓말을 합니다.
- 친해지면 ④ (　　　　　)을/ㄹ 수 있지만, 친하지 않은 관계에서 그렇게 하자고 하면 예의 없는 사람으로 보일 수도 있습니다.
- ⑤ (　　　　　)인 자리에서는 친한 관계라도 존댓말을 써야 합니다.

● 여러분의 나라에서는 다른 사람에게 어떻게 예절을 표현합니까? 보기 와 같이 이야기하십시오.

보기

우리나라에는 **존댓말**은 없지만 질문하거나 부탁할 때 사용하는 **공손한** 표현들이 있어요. 그리고 한국 사람들처럼 고개를 숙여서 인사하지 않고 상대방의 눈을 보고 자연스럽게 미소를 지으면서 인사해요.

1 -는다고/ㄴ다고/다고 해도

• 에릭 씨의 생각에 대해 윤아 씨는 다르게 생각합니다. 보기 와 같이 이야기하십시오.

보기 요즘 특별한 일이 없어서 부모님께 전화를 안 드렸는데, 부모님께서 섭섭해 하시는 것 같아요.

1. 이 일을 내일까지 끝내야 하는데 걱정이에요. 끝낼 수 있겠지요?
2. 열심히 공부했는데 한국어 실력이 늘지 않아서 공부를 포기하고 싶어요.
3. 윤아 씨는 지금 하는 일이 좋으세요? 저는 다시 태어나면 다른 일을 할 것 같아요.
4. 내일은 태풍이 온다고 하는데 우리 학교 건물 유리창은 괜찮을까요? 깨지지 않을까요?
5. 서울에서 집을 사고 싶은데, 한 2~3년 정도 월급을 모으면 살 수 있을까요?

보기 부모님들은 전화로 일상적인 이야기를 해도 좋아하시던데⋯

1. 일이 너무 많네. 밤새워서 하면 할 수 있을까? 어려울 것 같은데 도와줘야 하나?
2. 계속 꾸준히 하면 실력이 늘 텐데⋯. 포기하지 말지.
3. 나는 지금 이 일이 너무 좋은데, 앞으로도 이 일만 하고 싶어.
4. 우리 학교 건물은 튼튼해서 절대 바람에 깨지지 않을거야.
5. 월급을 모두 안 쓰면 가능할까? 아닐 것 같은데⋯.

보기

에릭 요즘 특별한 일이 없어서 부모님께 전화를 안 드렸는데, 부모님께서 섭섭해 하시는 것 같아요.

윤아 저는 특별한 일이 **없다고 해도** 부모님께 전화를 자주 드리는 게 좋다고 생각해요. 저희 부모님은 전화로 일상적인 이야기만 해도 좋아하시거든요.

2 -을/ㄹ 걸 그랬다

- 다양한 연령의 한국 사람들에게 지금까지 살면서 가장 후회되는 것이 무엇인지 물어봤습니다. 보기와 같이 이야기하십시오.

보기 20대 여성

중·고등학교 때 열심히 공부하지 않은 것이에요.

① 30대 남성

부모님 말씀을 잘 듣지 않은 것이에요.

② 30대 여성

회사를 그만둔 것이에요.

③ 40대 남성

술을 너무 많이 마신 것이에요.

④ 50대 남성

젊을 때부터 돈을 모으지 않은 것이에요.

⑤ 60대 여성

젊을 때 여행을 많이 다니지 않은 것이에요.

보기

저는 중·고등학교 때 열심히 공부하지 않은 것이 제일 후회돼요. 중·고등학교 때 더 열심히 **공부할 걸 그랬어요.**

연습해 봅시다

• 유키 씨가 자신의 행동을 후회하는 주앙 씨와 함께 이야기합니다. 보기 와 같이 이야기하십시오.

	주앙의 과거 행동	그렇게 한 이유	주앙이 생각하지 못한 결과
보기	학교 축제 콘서트 표 신청을 하지 않았다.	신청하는 사람이 많을 것 같았다.	신청자가 생각보다 많지 않았다.
❶	치즈를 너무 많이 샀다.	80% 싸게 팔았다.	치즈가 별로 맛이 없다.
❷	숙제를 계속 미뤘다.	마음만 먹으면 금방 할 수 있을 것 같았다	

보기

유키 학교 축제 콘서트 표를 왜 신청하지 않았어?

주앙 신청하는 사람이 많을 것 같아서 안 했어.

유키 콘서트 표를 신청하는 사람이 많을 것 **같다고 해도** 한번 신청해 보지.

주앙 그러게. 신청자가 그렇게 적을 줄 알았으면 나도 표를 **신청할걸 그랬어**.

MP3 / 24

2. 문화 차이

- 여러분 나라의 문화와 한국 문화가 다르다고 느낀 적이 있습니까?
- 다른 나라 사람을 만났을 때 문화 차이 때문에 당황한 적이 있습니까?

우진 등산 잘 갔다 오셨어요?

노라 네, 겨울치고 날씨가 포근해서 힘들지 않았어요. 그런데 한국에서는 처음 본 사람에게 음식을 건네는 일이 많아요? 등산을 하다가 잠깐 쉬는데 모르는 아주머니께서 저와 친구에게 먹을 것을 주셨어요.

우진 등산을 하다 보면 그런 일이 간혹 있지요. 힘들게 산에 오르는 경험을 함께 했기 때문에 서로를 더 가깝게 생각하는 것 같아요.

노라 음식을 주시니까 감사하기도 했지만 좀 당황스러웠어요. 마치 일행인 것처럼 저희를 챙겨 주셨거든요. 저희는 드릴 것이 없는데 받기만 하니까 왠지 죄송했어요.

우진 저 같아도 그 아주머니처럼 행동했을 거예요. 하지만 한국 문화에 익숙하지 않은 외국인들에게는 그런 행동이 부담스럽게 느껴질 수도 있겠군요.

노라 시간이 지나면 저도 한국인들의 그런 행동에 익숙해질 거라고 생각해요.

포근하다　건네다　간혹　일행　왠지

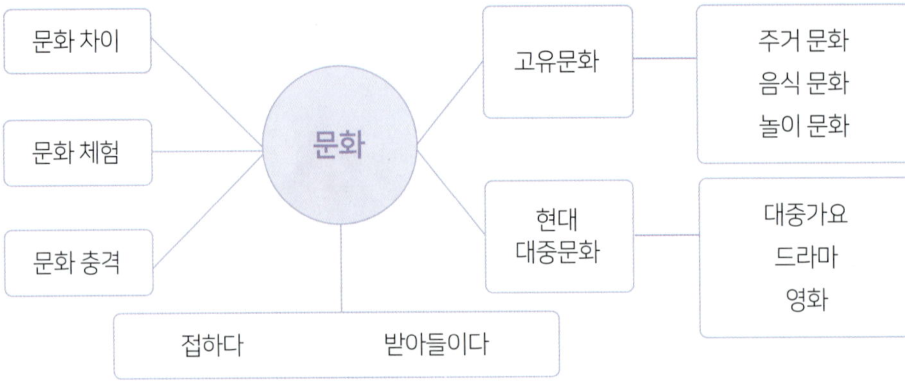

• 보기 와 같이 빈칸을 채우십시오.

문화 체험 안내

외국인 학생들을 위한 보기 (문화 체험을)을/를 준비했습니다. 옛날부터 지금까지 이어지고 있는 한국의 ❶ (   )을/를 다양하게 경험할 수 있을 것입니다.

장소: 북촌 한옥 마을

프로그램 내용:

- 놀이 문화 체험 - 윷놀이, 공기놀이, 제기차기
- 음식 문화 체험 - 한식 만들기
- ❷ (   ) 체험 - 한옥에서의 하룻밤

	저는 한국 드라마를 보면서 한국 문화를 처음 ❸ ( )었어요/았어요/였어요. 한국에서 생활하면서 한국 문화를 자연스럽게 ❹ ( )게 되었어요.
	나라마다 문화가 다르기 때문에 ❺ ( )을/를 느끼는 것은 당연해요. 하지만 차이가 있어도 다른 나라의 문화를 이해하고 존중해야 한다고 생각해요.
	외국을 여행할 때 우리나라에서는 하면 안 되는 행동을 외국인들이 하는 것을 보고 ❻ ( )을/를 받은 적이 있어요.

• 다른 나라의 문화를 접하고 느낀 점을 보기 와 같이 이야기하십시오.

보기

한국의 **고유문화** 중에서 저에게 가장 인상적이었던 것은 한옥의 난방이에요. 저는 겨울에 한옥 체험을 했는데 방바닥은 물론 방의 공기까지 따뜻해서 참 좋았어요. 한국의 전통 난방은 추운 겨울을 잘 보낼 수 있게 해 주는 **주거 문화**라고 생각해요.

1 치고

- 한국 유학을 시작한 지 한 달 된 라이언 씨에게 고향에 있는 친구가 한국 생활이 어떤지 물어보고 있습니다. 보기 와 같이 대답하십시오.

보기 유학을 시작하고 처음 본 시험인데 잘 봤어?

1. 한국에 가기 전에 집을 급하게 찾더니 집은 어때?
2. 집이 번화가에 있는 것 같던데 시끄럽지 않아?
3. 삼각 김밥이 값이 싸서 자주 먹는 거야?
4. 한국에서 지낸 지 한 달 정도 됐는데 친구가 많이 생겼어?
5. 어제 처음 한국 요리를 만들어 봤다면서? 어땠어?

보기

고향 친구 유학을 시작하고 처음 본 시험인데 잘 봤어?

라이언 응. 처음 본 **시험치고** 잘 봤어.

2 -는/은/ㄴ 것처럼

• 여행을 하고 온 미라 씨에게 여행에 대해 물었습니다. 보기 와 같이 이야기하십시오.

	미라의 경험	그 때의 느낌
보기	여행을 떠나기 전에 가슴이 두근거려서 잠이 안 왔다.	진한 커피를 여러 잔 마신 것 같은 느낌이었다.
①	여행지에 처음 도착했을 때 비가 많이 왔다.	하늘에 구멍이 뚫린 것 같았다.
②	여행지의 경치가 아주 아름다웠다.	이 세상의 풍경이 아닌 것 같았다.
③	옛날 유적지에 가 봤는데 신기하고 재미있었다.	과거로 시간 여행을 간 것 같았다.
④	여행지의 밤 하늘에 별이 많았다.	별이 하늘에서 쏟아질 것 같았다.
⑤	이번 여행이 행복하고 좋았다.	꿈 속에 있는 것 같았다.

보기

소영 여행을 떠나기 전에 기분이 어땠어요?

미라 **마치 진한 커피를 여러 잔 마신 것처럼** 가슴이 두근거려서 잠이 안 왔어요.

연습해 봅시다

• 존 씨와 하늘 씨는 학교 축제에 가서 즐거운 시간을 보내고 있습니다. 보기 와 같이 이야기하십시오.

보기 연극 동아리 공연

1 세계 음식 축제

2 태권도 동아리 공연

보기

하늘 오늘 연극 동아리 공연이 정말 좋지요?

존 네, 학생들이 **마치 배우들이 연기하는 것처럼** 잘하네요.

하늘 맞아요. 연기를 전공하지 않는 **학생들치고** 연기력이 뛰어나요.

복습

1 알맞은 단어를 골라서 (　　) 안에 쓰십시오.

인간관계　　존댓말　　건네다　　놓다　　숙이다　　간혹　　무조건　　왠지

주앙　한국에 온 지 2주쯤 됐는데 이제 한국 생활에 적응이 좀 됐어?

미겔　주앙, 나 요즘 너무 힘들어. 우리 반에서 나 혼자만 말을 못 알아듣는 것 같아. 대답을 제대로 못할 때마다 ❶ (　　　　　　) 내가 바보가 된 것 같아.

주앙　시험을 보고 들어간 반이니까 실력은 다들 비슷하지 않아?

미겔　아닌 것 같아. ❷ (　　　　　　) 반 친구들이 한국어로 말을 걸 때가 있는데 그때마다 당황스러워서 나도 모르게 친구들을 계속 피하게 돼. 교실에서 항상 고개를 ❸ (　　　　　　)고 있는 내 모습이 너무 싫어. 다른 친구들은 서로 친해져서 말을 ❹ (　　　　　　)고 지내는데 나는 친구들이 어려워서 아직도 ❺ (　　　　　　)을/를 써.

주앙　친구들을 ❻ (　　　　　　) 피하지 말고 과자라도 먼저 ❼ (　　　　　　)으면서/면서 말을 걸어 봐. 친구들이 너의 진심을 알면 너하고 친해지고 싶어 할 거야. 고향에서 너는 누구보다도 ❽(　　　　　　)이/가 좋았잖아. 그리고 너무 힘들면 선생님께 도움을 요청해 봐.

미겔　고마워. 언젠가는 나도 다른 친구들처럼 편하게 얘기할 수 있겠지?

2 다음 문법을 사용하여 대화를 완성하십시오.

-는다고 해도　　-을/ㄹ 걸 그랬다　　치고　　-는 것처럼

예지　이거 내가 어제 요리 수업에 가서 만든 건데 한번 먹어 봐.

윤아　요리를 배우고 싶다고 하더니 드디어 시작했구나. 요리를 직접 만들어 보니까 어땠어?

예지　선생님이 이해하기 쉽게 설명해 주셔서 생각보다 어렵지 않았어. 이렇게 재미있을 줄 알았으면 좀더 일찍 요리를 ❶ ________ (배우다) 빨리 먹어 봐. 어때?

윤아　와, ❷ ________ (처음 한 요리) 정말 잘 만들었어. 진짜 네가 만든 거 맞아?

예지　그럼. 선생님도 나한테 마치 ❸ ________ (여러 번 만들어 봤다) 요리를 잘한다고 칭찬하셨어.

윤아　넌 맛있는 음식을 좋아해서 자주 먹으러 다니잖아. 전에 요리를 ❹ ________ (배운 적이 없다) 맛있는 음식을 자주 먹어 본 것이 요리를 할 때 틀림없이 도움이 됐을 거야.

13과

여행과 발견

01 여행과 날씨

대화 어휘 발길, 빗줄기, 넘다, 돌리다, 뿌옇다, 화창하다

확장 어휘 일교차, 걷히다, 굵어지다, 벌어지다, 짙다

문법 -는 김에

만 해도

02 혼자 떠나는 여행

대화 어휘 석양, 벗어나다, 식히다[2], 여유롭다, 오로지, 완전히

확장 어휘 시야, 깨닫다, 사라지다, 새롭다, 재충전하다

문법 -다가는

-게 마련이다

MP3 / 25

1. 여행과 날씨

- 여러분은 어느 계절에 여행하고 싶습니까? 왜 그렇습니까?
- 여행을 하고 있는데 날씨가 좋지 않다면 어떻게 하겠습니까?

영희 날씨가 좋지 않아요. 미세 먼지 때문인지 하늘도 뿌옇고 금방 비가 쏟아질 것 같아요.

노라 별로 구경도 하지 못했는데 이대로 발길을 돌리기는 좀 아쉽지 않아요?

영희 그럼 우리 춘천에 온 김에 조금만 더 운전해서 속초까지 가 보는 건 어때요? 춘천과 속초는 멀지 않은데 날씨가 다를 때가 많대요.

노라 영희 씨가 운전하느라 피곤한 것 같아서 말하지 못했는데 영희 씨가 더 가 보자고 하면 저는 당연히 좋지요. 어? 빗방울이 떨어져요. 어서 출발할까요?

(속초에 도착한 후)

영희 와, 속초는 화창하네요. 쏟아지던 빗줄기가 산을 넘을 때 점점 가늘어지길래 여행하기가 나쁘지 않겠다고 생각했어요. 하지만 속초 날씨가 이렇게 좋을 줄은 몰랐어요.

노라 그러게요. 출발할 때만 해도 하늘이 잔뜩 흐렸는데 이곳 하늘은 이렇게 맑고 깨끗하다니 신기해요.

뿌옇다 발길 돌리다 화창하다 빗줄기 넘다

어휘

- 날씨
  - 일교차 — 크다 / 심하다 / 벌어지다
  - 천둥, 번개 — 치다
  - 안개 — 끼다 / 걷히다 / 짙다
  - 빗방울, 빗줄기 — 떨어지다 / 굵어지다 / 가늘어지다

• 아침 방송에 나오는 일기 예보입니다. 보기 와 같이 빈칸을 채우십시오.

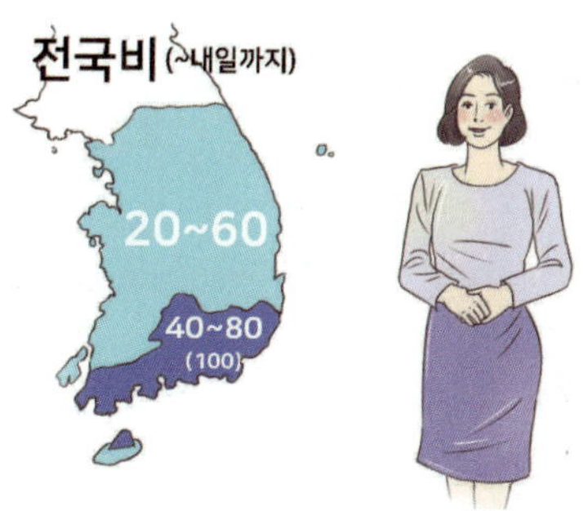

오늘 날씨입니다.

지금 서울에는 보기 (빗방울이)~~이/가~~ 떨어지면서 안개가 ❶ (　　　　)게 끼어 있는 곳이 많은데요. 이 안개는 1시간쯤 후부터 서서히 ❷ (　　　　　　)겠습니다.

비는 내일 오전까지 전국에 계속되겠는데요. 밤에는 빗줄기가 ❸ (　　　　　)는/은/ㄴ 곳이 많겠고 곳에 따라서는 천둥, 번개가 치는 곳도 있겠으니 조심하시기 바랍니다.

날이 조금씩 쌀쌀해지고 있습니다. 그동안은 ❹ (　　　　　)이/가 크지 않아서 활동하기 좋았는데요. 오늘부터는 조금씩 ❺ (　　　　　　)겠습니다. 특히 오늘 오후에 비가 내리기 시작하면서 갑자기 기온이 떨어지겠습니다. 외출하실 때 겉옷 하나 꼭 챙겨 가시기 바랍니다.

날씨였습니다.

• 날씨가 인상적이었던 날이 있습니까? 보기 와 같이 이야기하십시오.

보기

지난 학기 어느 날, 수업이 끝날 때쯤 갑자기 날이 어두워지고 **천둥**, **번개**가 **친** 날이 기억에 남아요. 날이 너무 어두운 데다가 **빗줄기**도 너무 **굵어져서** 친구하고 비가 그치기를 기다렸어요. 그런데 30분쯤 후에 날이 화창하게 개어서 신기했어요.

1 -는 김에

• 몸살감기 때문에 힘들어하는 윤아를 영희가 도와주고 있습니다. 그림을 보고 보기와 같이 이야기하십시오.

2 만 해도

- 영희 씨가 어머니와 신문 기사에 대해서 이야기하고 있습니다. 보기와 같이 이야기하십시오.

구매 의사가 높은 상품, 세대에 따라 어떻게 다른가?

10대	모바일 게임
20대	휴대 전화
30대	남자 화장품
40대	자동차
50대	건강식품

그리고 젊은 세대일수록 온라인 매장을 이용하는 비율이 높은 것으로 나타났다.

보기 **동생 영수:** 시간만 있으면 휴대전화로 게임을 한다.
① **나:** 이 휴대 전화를 쓴 지 1년밖에 안됐는데 새로운 것으로 바꿀까 생각 중이다.
② **남자 친구:** 요즘 남자 화장품에 관심이 많아졌다.
③ **삼촌:** 차를 바꿀 때가 됐다고 하면서 무슨 차로 바꿀지 계속 고민하고 있다.
④ **아버지:** 건강이 안 좋아졌다고 하면서 날마다 건강식품을 챙겨 드신다.
⑤ **어머니와 나:**

보기

어머니 어느 기관에서 세대에 따라 구매 의사가 높은 상품이 무엇인지 조사했는데 10대는 모바일 게임이라고 대답했대.

영희 맞는 말인 것 같아요. **동생 영수만 해도** 시간만 있으면 휴대 전화로 게임을 하잖아요.

연습해 봅시다

• 흐엉 씨와 연희 씨가 새로 알게 된 정보가 있어서 전부터 계획했던 일과 그 일을 함께 하려고 합니다. 보기 와 같이 이야기하십시오.

	계획한 일	새 정보	이 기회에 함께 하면 좋은 것
보기	민속박물관에 가는 중	• 요즘 박물관에 학생들이 체험할 수 있는 체험 프로그램이 많다. 예) 민속박물관: 옛날 물건을 만들 수 있는 체험 프로그램이 있다.	문화 체험
1	강릉 여행 중	• 가을에 축제를 하는 곳이 많다. 예) 강릉: 내일부터 이틀 동안 축제를 한다.	축제 구경
2	호텔 예약 중	• 호텔에서 관광이나 체험 프로그램도 예약할 수 있다. 예) 지금 예약하려고 하는 이 호텔: 여러 가지 프로그램을 함께 예약하면 할인을 받을 수 있다.	

보기

흐엉 요즘 박물관에 학생들이 체험할 수 있는 프로그램이 많다더라.

연희 맞아. 우리가 지금 가는 **민속박물관만 해도** 옛날 물건을 만들 수 있는 체험 프로그램이 있다고 들었어.

흐엉 그래? 그럼 박물관에 **가는 김에** 문화 체험 프로그램도 하나 신청해서 해 볼까?

2. 혼자 떠나는 여행

- 여행을 간다면 누구와 어디에 가고 싶습니까?
- 혼자 여행하는 것을 좋아합니까? 혼자 하는 여행은 어떤 점이 좋습니까?

선우 지난주 내내 무리하는 것 같던데 그렇게 쉬지 않고 일만 하다가는 쓰러질 수도 있어요.

우진 그래서 지난 주말에 기분 전환도 할 겸 근교로 나가서 바람을 좀 쐬고 왔어요.

선우 일상에서 벗어나서 머리를 완전히 식혀야 일이 더 잘 되게 마련인데 며칠 휴가를 내고 푹 쉬다가 오지 그랬어요?

우진 그 생각도 했는데 이번 주에 빨리 끝내야 하는 일이 있어서 그럴 수가 없었어요. 그래도 오로지 혼자 떠난 여행이어서 조용히 쉬고 온 느낌이에요.

선우 잠깐이었지만 좋은 시간을 보냈나 봐요. 이야기하다가 보니 지난주보다 훨씬 여유로워 보이는데요.

우진 네, 자연과 함께 시간을 보내니까 마음이 여유로워졌어요. 시골길을 산책하고 물 흐르는 소리도 듣고 아름다운 석양도 보면서 시간을 보내니까 마음이 편안해지더라고요.

벗어나다 완전히 식히다[2] 오로지 여유롭다 석양

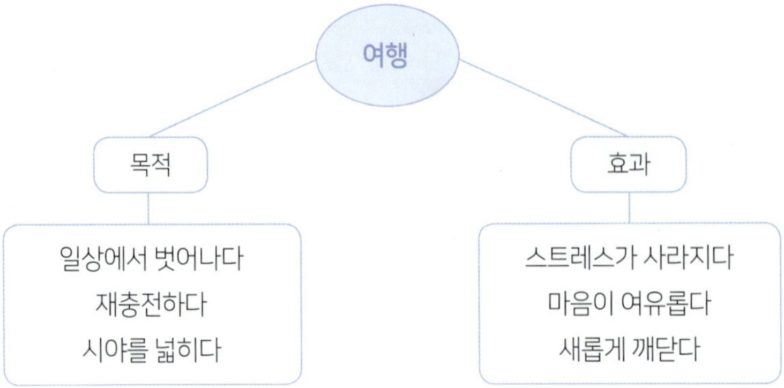

• 다음은 여행사 광고입니다. 보기 와 같이 빈칸을 채우십시오.

여행 전문가의 도움으로 여행을 계획하세요!

지루한 보기 (일상에서 벗어나서)~~어서/아서/여서~~ 새로운 곳으로 여행을 떠나고 싶으십니까? 일상에 지친 자신에게 휴식을 선물하면서 ① (   )고 싶으십니까?

현재의 생활에서는 경험할 수 없는 것을 직접 보고 체험하면서 ② (   )고 싶으십니까?

여러분의 여행 목적에 따라서 국내여행, 해외여행 전문가들이 여러분의 여행 계획에 필요한 다양한 정보를 알려 드립니다. 상담을 신청하세요!

많은 분들이 인정한 믿을 수 있는 여행사입니다.

여행 잘 다녀왔습니다. 구경도 잘 하고 잘 쉬니까 ③ (   )어지고/아지고/여지고 그동안 쌓였던 모든 ④ (   )었습니다/았습니다/였습니다. 여행을 하면서 예전에는 몰랐던 제 모습을 ⑤ (   )는/은/ㄴ 좋은 시간이었습니다. 이런 시간을 갖도록 도와주셔서 감사합니다.

★★★★★ jhk*****(20**.02.21)

• 지금까지 한 여행 중에서 가장 좋았던 여행에 대해 보기 와 같이 이야기하십시오.

보기

지난 방학 때 한국 친구와 같이 배낭여행을 갔는데 정말 좋았어요. 한국의 여러 곳을 구경하고 많은 것을 체험하면서 **시야를 넓힐** 수도 있었고요. 여러 곳에 가 봤는데 그 중에서 경주가 제일 기억에 남아요. 다른 도시와 달리 도시 곳곳이 모두 유적지여서 **새로웠어요**.

1 -다가는

- 윤아 씨와 하늘 씨가 발표 준비를 하려고 만났지만 같이 이야기하느라고 발표 준비를 시작하지 못하고 있습니다. 보기 와 같이 문장을 만드십시오.

2 -게 마련이다

• 다음은 약과 영양제를 만드는 회사의 광고입니다. 읽고 보기와 같이 문장을 만드십시오.

보기

스트레스가 많습니까? 몸이 안 좋으십니까?
스트레스가 쌓이면 건강이 **나빠지게 마련입니다**.
1년 365일, 여러분의 건강은 우리약이 책임집니다!

차가운 바람이 불기
시작하는 환절기, 일교차가 벌어지면 쉽게
① ______________________.
감기 기운이 있을 때 감기뚝
을 드셔 보세요.

봄에는 날씨가 건조해지면서
② ______________________.
봄철, 건조해진 내 눈을 위해
꼭 필요한 약! 누네누네

과로와 스트레스로 늘 피곤한 현대인,
피로가 쌓이면
③ ______________________.
이제부터 간사랑으로 피
로를 관리하세요.

비타민 디(D)는 야외 활동을 하면서
햇빛을 보면 자연스럽게 생깁니다.
하지만 쌀쌀해지는 날씨에는
④ ______________________.
나가기 싫으시지요?
그럼 비디비디를 드십시오!

나이가 들면
⑤ ______________________.
지금 부모님의 머리카락은 어떻습니까?
머리카락이 빠지지 않고 하얀 머리카락도
생기지 않도록 부모님께
까망까망을 선물해 보세요.

연습해 봅시다

• 노라 씨 친구가 이런 저런 일을 걱정하고 있습니다. 보기 와 같이 이야기 하십시오.

	걱정의 대상	상황	해 주고 싶은 말
보기	동생	동생이 요즘 새로 사귄 여자 친구를 만나느라고 공부를 열심히 하지 않는다.	이성 친구를 사귀기 시작할 때는 다른 것에 관심이 안 간다.
①	아이	아이가 중학생이 된 이후 밥도 많이 먹고 간식도 많이 먹는다. 하루에 식사를 5번 할 때도 있다.	청소년기에 키가 많이 자랄 때는 아이들이 많이 먹는다.
②	자기 자신	어제 회사에서 새로 맡은 일을 할 때 실수를 많이 해서 과장님께 혼났다.	

보기

친구 동생이 요즘 새로 사귄 여자 친구를 만나느라고 공부를 열심히 하지 않아요. 이렇게 공부를 안 **하다 가는** 시험에 떨어질 것 같아요.

노라 이성 친구를 사귀기 시작할 때는 다른 것에 관심이 안 **가게 마련이에요**. 시간이 좀 지나면 괜찮아지겠지요.

복습

1 알맞은 단어를 골라서 (　　) 안에 쓰십시오.

발길	석양	벗어나다	뿌옇다	사라지다	식히다	여유롭다	화창하다

영희　오늘은 오랜만에 날씨가 맑고 ❶(　　　　　　　　)어요/아요/여요. ❷(　　　　　　　　)는/은/ㄴ 미세 먼지도 없고요.

노라　이런 날씨 정말 오래간만이에요. 그럼 우리 계절도 즐길 겸 머리도 ❸(　　　　　　　　)을/ㄹ 겸 근교로 나가 볼까요?

영희　좋아요. 도시를 ❹(　　　　　　　　)어서/아서/여서 자연을 즐기고 오면 좋겠어요. 근교 어디로 갈까요?

노라　그냥 마음 가는 대로 ❺(　　　　　　　　)이/가 가는 대로 가 봐요.

영희　*(잠시 후)* 도시 냄새와는 또 달라요. 풀 냄새가 참 좋군요.

노라　그러게요. 나오기를 참 잘했지요?

영희　네. 사람, 건물, 차만 보다가 산, 강, 나무, 풀을 보니까 마음이 훨씬 ❻(　　　　　　　　)어요/아요/여요.

노라　네, 그동안 쌓였던 모든 스트레스가 다 ❼(　　　　　　　　)는/은/ㄴ 느낌이에요. 우리 조금 더 산책하다가 날이 어두워지면 ❽(　　　　　　　　)도 보고 가요.

2 다음 문법을 사용하여 대화를 완성하십시오.

만 해도	-게 마련이다	-는 김에	-다가는

준수　지난번에 본 오디션 결과가 나왔어요?

태성　아니요, 안 될 것 같아서 확인을 안 했어요. 혹시 지금 준수 씨 결과를 확인하실 거예요? 그럼 ❶ ______________ 제 이름이 있는지 같이 봐 주시겠어요?
확인하다

준수　*(잠시 후)* 우리 둘 다 떨어졌어요. 저는 벌써 열 번째인데 계속 이렇게 ❷ ______________
떨어지다
큰 역할을 한 번도 해 보지 못하고 나이만 들겠어요.

태성　오디션을 보기 시작한 지 이제 겨우 1년 됐는데요. 이렇게 떨어지는 것은 당연한 일이지요. 모든 사람들이 다 알고 좋아하는 ❸ ______________ 10년 동안 오디션을 봤지만 모두 떨어졌대요.
배우 이성열 씨

준수　그래요? 그분이 그렇게 오래 고생한 줄 몰랐어요.

태성　이성열 씨는 역할에 상관없이 항상 열심히 했는데 그 모습을 좋게 본 감독이 기회를 줬다고 들었어요. 포기하지 않고 노력하면 ❹ ______________ 우리도 포기하지 말고 꿈을 위해서 계속 노력해 봐요.
언젠가 기회가 오다

14과

대중문화

01 방송과 영상

대화 어휘 범인, 소재, 예능, 오가다, 일어나다, 출연하다, 흥미롭다

확장 어휘 사회자, 시청자, 제작자, 진행자, 출연자, 평가자, 담당하다, 시청하다, 제작하다, 사회를 보다

문법 -는다고요

-었더라면

02 1인 방송

대화 어휘 반응, 실시간, 콘텐츠, 끌다, 반영하다, 참여하다, 그때그때

확장 어휘 기획, 생중계, 양방향, 편집, 조회 수

문법 에 관한

-는다면야

MP3 / 27

1. 방송과 영상

- 텔레비전 프로그램에는 어떤 종류가 있습니까?
- 여러분은 평소에 무슨 프로그램을 즐겨 봅니까? 왜 그 프로그램을 봅니까?

윤아 지난주에 시작한 "사건"이라고 하는 드라마 보셨어요?

리타오 네? 뭘 봤냐고요?

윤아 최근에 새로 시작한 드라마 "사건"이요. 과거와 현재를 오가면서 사건을 해결하는 경찰 이야기인데 소재도 신선하고 출연하는 연기자들의 연기도 훌륭해요.

리타오 저는 아직 못 봤어요. 그렇게 볼 만한 드라마인 줄 알았더라면 시간을 내서 볼 걸 그랬어요.

윤아 사건이 일어나고 그 사건의 범인을 알게 되는 과정이 정말 흥미로워요. 시간이 될 때 한번 보세요.

리타오 저도 가끔 드라마를 보기는 하는데 저는 드라마보다 예능 프로그램이 더 재미있더라고요. 아무 생각 없이 큰 소리로 웃고 나면 스트레스가 다 해소되는 느낌이 들어요.

오가다 소재 출연하다 일어나다 범인 흥미롭다 예능

어휘

시청하다	시청자	사회를 보다	사회자
출연하다	출연자	제작하다	제작자
연기하다	연기자	담당하다	담당자
진행하다	진행자	평가하다	평가자

전 세계에서 프로그램을 보기 (시청하)고 계신 ① (　　　　　) 여러분 안녕하십니까?

제 옆에 계신 분은 저와 함께 오늘 진행을 해 주실 ② (　　　　　) 윤종민 씨입니다.

그리고 오늘 스튜디오에 나오신 ③ (　　　　　) 을/를 소개해 드리겠습니다. 이분은 한국을 대표하는 여배우로 20년 동안 연기를 해 오신 연기자 이혜진 씨입니다.

안녕하십니까?

저는 오늘 이 프로그램의 ④ (　　　　　) 게 된 사회자 전성규입니다.

그리고 여기 두 분은 오늘 참가자들의 실력을 평가해 주실 ⑤ (　　　　　) 분들입니다. 또한 오늘 1등을 하신 분의 앨범 제작을 ⑥ (　　　　　)을/ㄹ 제작자도 이 자리에 나와 계십니다.

- 요즘 인기가 많은 프로그램을 보기와 같이 소개해 보십시오.

보기

요즘 젊은이들 사이에서 인기를 끌고 있는 프로그램이 있어요. 여행 프로그램인데 5~6명의 **출연자**가 해외에서 여행을 다니는 프로그램이에요. 출연자 중 세 명이 하루씩 여행 가이드가 돼서 그날의 여행을 **담당하고** 다른 출연자들은 **평가자**가 되어서 볼거리나 음식 등을 **평가하는** 프로그램이에요.

1 -는다고요/ㄴ다고요/다고요

• 주앙 씨가 어머니와 전화 통화를 하고 있습니다. 보기 와 같이 이야기하십시오.

주앙 어머니, 오늘까지 시험이었어요.

어머니 그래? 시험은 언제 끝나?

주앙 보기 오늘 시험이 끝났다고요. 그리고 다음 학기에 장학금을 받게 됐어요.

어머니 다음 학기에 장학금을 받는다고? 정말 고생 많았어. 축하해.
참, 다음 휴가 때 서울에 갈까 하는데 너는 그때 바쁘지 않니?

주앙 ① ____________________

어머니 그래, 여행도 할 겸 네 얼굴도 볼 겸 아버지와 서울에 같이 가려고 해.

주앙 어머니 혼자 오시는 게 아니라 ② ____________________

어머니 응, 그래서 비행기 표를 예매하려고 하는데 어디에서 예매하면 저렴하게 살 수 있을까?

주앙 제가 어디에서 예매하면 저렴한지 한번 알아볼게요.

어머니 네가 ③ ____________________

주앙 아니요, 제가 예매하겠다고 한 게 아니라 어디에서 예매하면 저렴한지 알아보겠다고요.

어머니 아, ④ ____________________

주앙 네, 일단 제가 알아보고 다시 연락드릴게요.

어머니 그래, 알았다. 그리고 그때 네 여자 친구도 같이 만나는 건 어때?

주앙 네? ⑤ ____________________

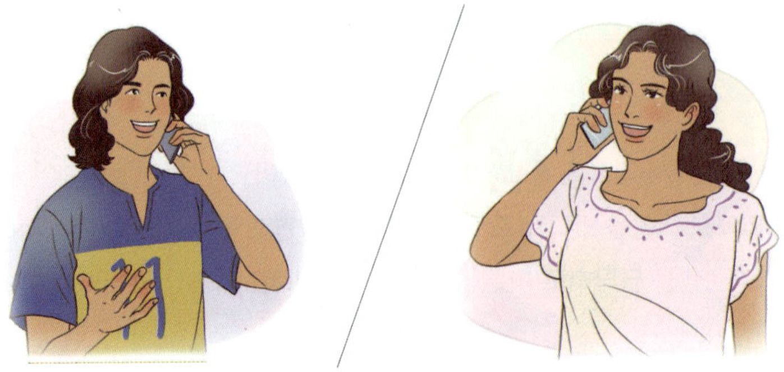

2 -었더라면/았더라면/였더라면

• 존 씨가 한국 유학 시절을 추억하고 있습니다. 보기 와 같이 이야기하십시오.

보기

그때 한국 노래를 **듣지 못했더라면** 한국어를 배우지 않았을 거예요.

연습해 봅시다

• 윤아 씨가 살면서 아쉽거나 후회되는 일에 대해 이야기합니다. 보기 와 같이 이야기하십시오.

	과거의 일	후회되거나 아쉬운 일
보기	어렸을 때 수영을 배우지 않았다.	수영장이나 바다에서 수영을 즐길 수 없다.
1	대학교 때 동아리 활동을 거의 하지 않았다.	같은 과 친구밖에 사귀지 못했다.
2	회사의 면접시험을 볼 때 너무 긴장해서 대답을 제대로 못했다.	

보기

윤아 저는 어렸을 때 수영을 배우지 않았어요.

에릭 윤아 씨가 수영을 배우지 **않았다고요?**

윤아 네, 어렸을 때 수영을 **배웠더라면** 지금 수영장이나 바다에서 수영을 즐길 수 있었을 텐데 아쉬워요.

MP3 / 28

2. 1인 방송

- 인터넷 1인 방송을 본 적이 있습니까? 텔레비전 방송과 어떤 점이 다릅니까?
- 여러분이 1인 방송을 한다면 어떤 소재로 방송을 하고 싶습니까?

흐엉 제임스 씨가 인터넷으로 한국 생활에 관한 방송을 하던데 봤어요?

존 네, 제임스 씨가 알려 줘서 한 번 봤어요. 전문가처럼 자연스럽게 진행을 잘하던데요.

흐엉 방송을 보는 사람들이 제임스 씨와 채팅을 하면서 실시간으로 방송에 참여하더라고요. 제임스 씨도 사람들이 올린 글을 빠르게 읽으면서 방송하는데 정말 대단했어요.

존 사람들의 반응을 보면서 그들이 원하는 걸 그때그때 반영해서 보여 줄 수 있는 게 인터넷 1인 방송의 가장 큰 장점이라고 할 수 있지요.

흐엉 저는 요리에 관심이 많은데 요리를 소개하는 내용으로도 방송을 할 수 있을까요?

존 그럼요. 사람들의 관심을 끌 만한 콘텐츠가 있다면야 누구든지 1인 방송을 할 수 있지요.

실시간 참여하다 반응 그때그때 반영하다 끌다 콘텐츠

어휘

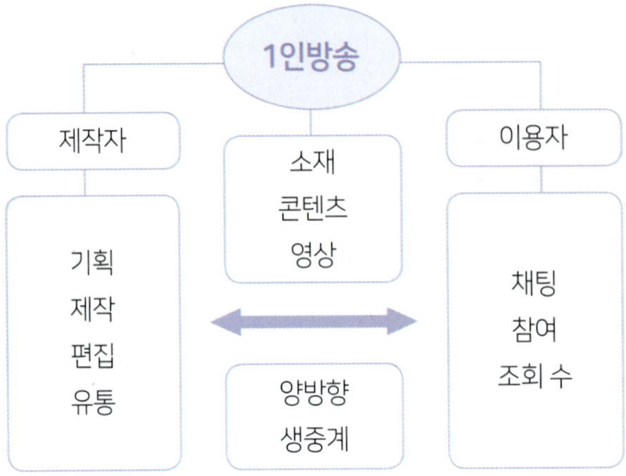

- 1인 방송 제작자와 이용자에 대한 설명입니다. 보기와 같이 빈칸을 채우십시오.

제작자	이용자
• 어떤 보기 (콘텐츠로)~~으로/로~~ 방송할지 ❶ ( )을/를 하고 촬영한 후 ❷ ( )까지 모든 과정을 개인이 직접 한다. • 미리 촬영하고 편집한 영상을 인터넷에 올리기도 하고 정해진 시간에 ❸ ( )을/를 하기도 한다.	• 이용자들은 채팅 등의 방법으로 방송에 실시간으로 반응을 보인다. • 제작자와 이용자 간의 ❹ ( ) 소통이 가능하다. • 인기 있는 영상이나 방송은 높은 ❺ ( )을/를 기록한다.

- 여러분이 시청한 1인 방송은 어땠습니까? 보기와 같이 이야기하십시오.

> **보기**
>
> 저는 화장에 관심이 많아서 화장을 **소재**로 하는 **1인 방송**을 즐겨 봐요. 화장품을 소개하거나 화장품을 직접 사용해 보는 방송이에요. **제작자**가 편집해서 올린 영상을 보기도 하고 **생중계**하는 시간을 기다렸다가 보기도 해요. 1인 방송을 보면서 남들이 해 보지 않은 **콘텐츠**로 1인 방송을 해 보고 싶은 마음이 들었어요.

1 에 관한

• 친구들이 무엇을 하고 있습니까? 보기와 같이 대답하십시오.

보기 윤아

① 유키

② 리타오

③ 노라

④ 주앙

⑤ 올리비아

보기

윤아 씨가 **대학 장학금 신청에 관한** 정보를 검색하고 있어요.

2 -는다면야/ㄴ다면야/다면야

• 윤아 씨와 리타오 씨가 선배에게 조언을 구합니다. 선배는 어떻게 이야기하면 좋을까요? 보기 와 같이 이야기하십시오.

선배님, 저는무역회사에 취직하고 싶은데요.

보기 제 전공은 무역과 관계 없지만 저는 영어를 잘해요.

1 방학 때 무역회사에서인턴을 한 적이 있어요.

2 저는 꼼꼼한 성격이지만 낯을 조금 가리는데 일할 때 문제가 되지 않을까요?

선배님, 대학교 전공을 선택해야 하는데요.

3 지금은 한국어 실력이 조금 부족하지만 꼭 경제학을 공부하고 싶은 마음이에요.

4 경제학 전공 수업은 어렵다던데 외국인인 저도 따라갈 수 있을까요?

5 졸업 후에 관련 자격증이 있으면 좀 더 쉽게 취직할 수 있을까요?

보기

윤아 선배님, 제 전공은 무역과 관계가 없지만 저는 영어를 잘해요. 그러면 무역 회사에 취직할 수 있을까요?

선배 그럼, 영어를 **잘한다면야** 얼마든지 무역 회사에서 일할 수 있지.

연습해 봅시다

• 하늘 씨가 이번 학기 과제를 준비하고 있습니다. 보기와 같이 이야기하십시오.

	과제 내용	할 일	기간 안에 마칠 수 있는 방법
보기	한국의 교육	내일까지 자료 찾기	주제에 맞는 자료가 학교 도서관에 있다.
1	한류의 인기 비결	3일 안에 발표 준비하기	그 발표만 준비한다.
2	세계 여러 나라의 여가 문화	1주일 안에 보고서 쓰기	지금까지 모은 자료를 잘 정리한다.

보기

하늘 **한국의 교육에 관한** 자료를 내일까지 찾아야 하는데 할 수 있을까요?

선배 주제에 맞는 자료가 학교 도서관에 **있다면야** 내일까지 자료를 찾을 수 있지.

복습

1 알맞은 단어를 골라서 (　　) 안에 쓰십시오.

소재	예능	진행자	출연자	끌다	참여하다	흥미롭다	그때그때

최근 요리를 ❶ (　　　　　　　　)으로/로 하는 콘텐츠가 많이 제작되고 있다. 텔레비전에서는 유명한 요리사들이 주어진 시간 내에 요리를 끝내야 하는 ❷ (　　　　　　　　) 프로그램이 인기를 ❸ (　　　　　　　　)고 있다. 이 프로그램에 나오는 ❹ (　　　　　　　　)의 냉장고 안에 있는 재료로 짧은 시간 내에 새로운 요리를 만드는 과정이 정말 ❺ (　　　　　　　　)는다/ㄴ다/다.

또한 젊은 사람들 사이에서는 유명한 맛집의 음식을 먹어 보고 음식의 맛에 대해 이야기하는 인터넷 1인 방송도 인기가 있다. 방송을 진행하는 ❻ (　　　　　　　　)은/는 인터넷 방송을 보는 사람들과 실시간으로 채팅을 한다. 그리고 채팅에 ❼ (　　　　　　　　)는/은/ㄴ 사람들의 질문에 ❽ (　　　　　　　　) 대답해 준다.

2 다음 문법을 사용하여 대화를 완성하십시오.

-는다고요	-었더라면	에 관한	-는다면야

우진　어제 ❶ ＿＿＿＿＿＿＿＿ (1인 방송 제작 과정) 다큐멘터리를 텔레비전에서 하던데 혹시 그 방송을 보셨어요?

노라　무슨 프로그램을 ❷ ＿＿＿＿＿＿＿＿ (보다)

우진　인터넷 방송에 관한 다큐멘터리요.

노라　아, 그 프로그램이요? 저도 봤는데 하나의 콘텐츠를 만드는 과정이 정말 흥미로웠어요.

우진　노라 씨는 영상을 편집할 줄 아세요?

노라　전에 영상을 찍고 편집하는 것을 배운 적이 있는데 어려워서 그만뒀어요. 그때 영상 공부를 ❸ ＿＿＿＿＿＿＿＿ (계속 하다) 저도 제 콘텐츠를 제작했을 거예요. 지금이라도 영상 편집을 다시 배울 수 있을까요?

우진　그럼요. 노라 씨가 배우고 싶은 ❹ ＿＿＿＿＿＿＿＿ (마음이 있다) 얼마든지 배울 수 있지요. 저도 영상 편집을 좀 할 줄 아는데 가르쳐 드릴까요?

15과

여가 생활

01 남산 둘레길

대화 어휘 둘레, 매력, 산책로, 삶, 표지판, 금강산도 식후경

확장 어휘 고래 싸움에 새우 등 터진다, 고생 끝에 낙이 온다, 그림의 떡, 돌다리도 두들겨 보고 건너라, 믿는 도끼에 발등 찍힌다, 배보다 배꼽이 크다, 시작이 반이다, 호랑이도 제 말 하면 온다

문법 -는가 하면
-는다는

02 경제적인 여가 생활

대화 어휘 경제적, 대여소, 안전모, 장비, 가르다, 마음껏

확장 어휘 만족시키다, 안정시키다, 오염시키다, 이해시키다, 향상시키다, 훈련시키다

문법 -는다지요?
-든지 -든지

1. 남산 둘레길

MP3 / 29

- 시간을 내서 산책한다면 어디에 가겠습니까? 왜 그곳을 선택했습니까?
- 여러분의 집 근처에 편하게 산책할 수 있는 곳이 있으면 소개해 보십시오.

우진 바쁜 일상 속에서 자신을 위해 여가 시간을 잘 보내는 사람이 있는가 하면 바쁘다는 말만 하면서 삶에 지쳐 사는 사람들도 있어요.

레오 맞아요. 저도 시간이 날 때 뭔가를 하고 싶은데 어디에서 뭘 해야 좋을지 잘 모르겠어요.

우진 남산 둘레길에 가 보셨어요? 남산 둘레를 걷는 산책로인데 서울에서 자연의 매력을 느낄 수 있는 멋진 곳이에요.

레오 남산에 몇 번 가 봤지만 둘레길은 가 본 적이 없어요. 어떻게 가요?

우진 남산 입구에 가면 안내 지도가 있어요. 중간 중간에 길을 잃지 않도록 표지판도 잘 되어 있고요. 지금 같이 가 보시겠어요? 제가 안내할게요.

레오 우리 식사부터 하고 갈까요? 금강산도 식후경이라는 말이 있잖아요.

삶　둘레　산책로　매력　표지판　금강산도 식후경

속담

- 동물: 호랑이도 제 말하면 온다 / 고래 싸움에 새우 등 터진다
- 음식 식사: 그림의 떡 / 금강산도 식후경
- 신체: 배보다 배꼽이 크다 / 믿는 도끼에 발등 찍힌다
- 생활 태도: 시작이 반이다 / 고생 끝에 낙이 온다 / 돌다리도 두들겨 보고 건너라

• 다음 이야기에 맞는 속담을 보기와 같이 써 보십시오.

보기	금강산도 식후경	배가 고프면 멋진 경치도 눈에 들어오지 않아요. 밥을 먹어야 여유를 가지고 구경을 할 수 있어요.
1		부모님이 싸우셔서 가족 여행은 가지도 못하고 엄마 아빠가 또 싸우실까 봐 걱정하면서 주말을 보냈어요.
2		저희 형은 알고 있는 것도 확인하고 또 확인해요. 그래서 형은 어떤 일을 할 때 거의 실수를 하지 않아요.
3		이번에 새로 나온 휴대 전화는 정말 좋은 기능이 많아서 사고 싶어요. 그런데 돈이 없어서 살 수가 없어요.
4		동료들과 부장님에 대한 이야기를 하고 있는데 갑자기 부장님이 사무실로 들어오셔서 깜짝 놀랐어요.
5		사장님이 김 대리를 믿고 중요한 일을 맡겼는데 김 대리가 회사의 중요한 기술을 가지고 다른 회사로 가 버렸어요.
6		우진 씨가 오랫동안 고생을 하면서 준비하다가 가게를 열었는데 가게가 인터넷에 소개되고 나서 손님이 아주 많아졌어요.
7		아버지는 저에게 무슨 일이든지 시작이 제일 중요하다고 하셨어요. 시작을 잘 하면 그 일의 진행도 잘 될 거라고 하셨어요.
8		친구가 점심을 사 줘서 먹었는데 친구가 밥보다 더 비싼 커피와 케이크를 저에게 사 달라고 했어요.

• 위에서 배운 속담을 사용하여 보기와 같이 이야기하십시오.

보기

요즘 민수가 숙제도 잘하고 지각도 안 한다고 하는 이야기를 친구들과 하고 있는데 그때 민수가 교실로 들어왔어요. **호랑이도 제 말 하면 온다고 하더니** 민수 이야기를 하고 있을 때 민수가 오니까 재미있었어요.

1 -는가/은가/ㄴ가 하면

- 리타오 씨의 고향 친구들은 한국 문화와 생활에 대해 궁금한 것이 많습니다. 보기와 같이 리타오 씨 친구들의 질문에 대답하십시오.

보기

친구 한국 사람들은 휴가 때 보통 뭘 해?

리타오 어떤 사람들은 여행을 **가는가 하면** 어떤 사람들은 집에서 쉬면서 재충전을 해.

2 -는다는/ㄴ다는/다는

• 올리비아 씨가 읽은 기사입니다. 보기와 같이 이야기하십시오.

보기 휴대 전화 이용자 80% 하루 평균 4시간 이상 사용

휴대 전화 이용자가 하루 평균 휴대 전화를 보는 횟수 : ① 평균 90회

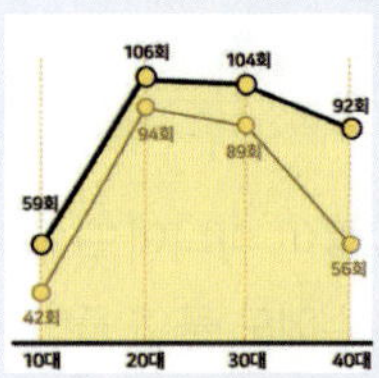

하루 평균 휴대 전화 사용 시간은?

1위	4시간~5시간 미만	21.8%
2위	1시간~2시간 미만	20.1%
② 3위	10시간 이상	18.4%
4위	5시간~10시간 미만	14.6%
5위	30분~1시간 미만	13.3%

휴대 전화로 가장 많이 하는 것은?

③ 1위 채팅
2위 동영상, 전자책 보기
3위 게임
4위 정보 검색
5위 교통, 날씨 확인

휴대 전화를 어디에서(또는 언제) 이용하는 것이 가장 안 좋다고 생각합니까?

④ 1위 침대 (잠들기 전)
2위 길 (걸어다닐 때)
3위 교실 (수업 시간)

스스로 휴대 전화 중독자라고 생각합니까?

⑤ 1위	아니요	59.3%
2위	네	40.7%

- 어떤 기사를 읽고 있어요?
- 어떤 조사 결과가 나왔어요?
- 휴대 전화를 10시간 이상 사용하는 사람은 얼마나 많아요?
- 휴대 전화로 가장 많이 하는 게 뭐래요?
- 휴대 전화를 이용하는 때나 장소에 대해 사람들은 어떤 의견을 가지고 있어요?
- 또 어떤 재미있는 조사 결과가 있었어요?

보기

유키 올리비아 씨, 어떤 기사를 읽고 있어요?

올리비아 휴대 전화 이용자의 80%가 하루에 평균 4시간 이상 휴대 전화를 **사용한다는** 기사를 읽고 있어요.

연습해 봅시다

- 건강에 관한 다양한 의견이 있습니다. 보기 와 같이 이야기하십시오.

	보거나 들은 이야기	다양한 의견	
보기	**연구 결과** 종합 비타민은 피로 회복에 좋고 여러 가지 병을 막는 등의 효과가 있다.	종합 비타민을 꼭 먹어야 한다.	음식으로도 충분한 영양을 얻을 수 있기 때문에 굳이 영양제를 먹을 필요가 없다.
		사람들의 이야기	
1	**신문 기사** 하루에 물을 2리터 정도 마셔야 한다.	음식이나 과일이 아닌 물만 2리터를 마시는 것이 좋다.	물이 아니어도 음식이나 음료수에도 물이 들어 있으니까 물을 많이 안 마셔도 된다.
		친구들의 의견	
2	**어머니께 들은 이야기** 집안일을 하는 것으로도 다이어트가 된다.	생활할 때 많이 움직이는 것은 모두 다이어트에 도움이 된다.	집안일은 운동의 효과가 없어서 다이어트에 도움이 안 된다.

보기

종합 비타민은 피로 회복에 좋고 여러 가지 병을 막는 등의 효과가 **있다는** 연구 결과를 봤어요. 그런데 종합 비타민을 꼭 먹어야 **한다는** 의견이 **있는가 하면** 음식으로도 충분한 영양을 얻을 수 있기 때문에 굳이 영양제를 먹을 필요가 **없다는** 의견도 있었어요.

2. 경제적인 여가 생활

- 돈을 많이 들이지 않고 할 수 있는 여가 활동에는 어떤 것이 있습니까?
- 한국에서 자전거를 빌려서 타 본 적이 있습니까?

유키 봄이 되면서 야외 활동을 하는 사람들이 많아지고 있다지요? 참, 노라 씨도 자전거를 좋아하신다면서요?

노라 네, 자전거 타는 것을 좋아해서 자주 타요. 한강에서 바람을 가르면서 자전거를 타면 정말 좋아요.

유키 저도 자전거를 타고 싶은데 고향에서 가지고 오지 못해서 새 자전거를 하나 사야 할까 봐요.

노라 그럴 필요 없어요. 한강에 자전거 대여소가 있는데 자전거를 빌려서 마음껏 탈 수 있어요. 빌리는 것이 사는 것보다 훨씬 경제적일 거예요.

유키 그럼 안전모 같은 보호 장비도 빌려 줘요?

노라 네, 빌려 줘요. 말이 나온 김에 점심 먹은 것도 소화시킬 겸 자전거를 타러 갈래요? 안전모는 가다가 저렴한 것을 하나 사든지 아니면 자전거와 함께 빌리든지 하고요.

가르다 대여소 마음껏 경제적 안전모 장비

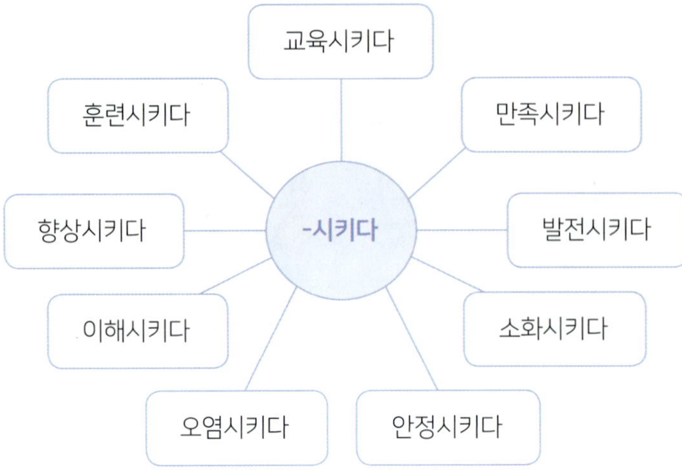

• 다음은 블로그에 쓴 글입니다. 보기와 같이 빈칸을 채우십시오.

연세 한글 날짜 XXXX. XX. XX 비공개 URL 복사 통계

세계 여러 나라가 미세 먼지 때문에 걱정이 많습니다. 나라를 보기 (발전시키는)~~는/은/ㄴ~~ 일에만 신경을 썼기 때문에 미세 먼지가 심해진 것 같습니다. 지금부터라도 각 나라에서 사람들에게 환경이 얼마나 중요한지 ❶ (   )고 기업뿐만 아니라 개인들도 환경을 ❷ (   )는/은/ㄴ 행동을 하지 않도록 노력해야겠습니다. 그리고 각 나라들도 환경을 다시 깨끗하게 할 수 있는 방법들을 찾아서 국민들의 삶의 질을 ❸ (   )어야/아야/여야 할 것입니다. 아이들에게도 어릴 때부터 환경을 보호해야 한다는 것을 알려주고 환경을 보호하는 행동을 ❹ (   )으면/면 미래에는 미세 먼지가 없는 맑은 공기를 마실 수 있을 겁니다.

• 위의 단어를 이용하여 보기와 같이 이야기하십시오.

보기

저희 집에 새 식구가 생겼어요. 동물 보호소에서 개를 한 마리 데리고 왔거든요. 처음이니까 먹는 것, 자는 곳 등 **훈련시킬** 것이 많을 것 같아요. 이 개가 전에 마음의 상처를 받은 적이 있으니까 다시는 마음의 상처를 받지 않도록 조심하면서 잘 키우려고 해요.

1 -는다지요/ㄴ다지요/다지요?

• 다음은 유키 씨가 읽은 기사입니다. 보기와 같이 이야기하십시오.

대한신문

창간 20XX년 X월 X일 등록 200XX년 X월 X일

제 14XX호 20XX년 X월 X일 <주간>

보기 여권만 있으면 모든 나라에 여행 가능

① 서울에서 부산까지 1시간 반 걸려

② 누리어학당을 졸업한 외국인 이10만 명을 넘어

③ 모든 알레르기를 치료할 수 있는 약 드디어 개발

④ 케이팝이 세계적으로 인정을 받아

⑤ 외국인들이 가장 가고 싶어 하는 나라 1위, 한국

보기

유키 이제 여권만 있으면 모든 나라로 여행을 **갈 수 있다지요**?

민형 네, 이제 다른 나라로 여행가는 것이 더 편해졌어요.

2 -든지 -든지

- 주앙 씨와 하늘 씨가 경주에 가려고 합니다. 보기와 같이 이야기하십시오.

	생각할 것	가능한 경우
보기	시기	이번 주말? 다음 주말?
1	여행 기간	1박 2일? 2박 3일?
2	교통편	버스? KTX?
3	숙소	한옥 민박? 호텔?
4	아침 식사	빵이나 과일? 근처 식당에서 간단하게?
5	기념품	엽서? 열쇠고리?

보기

주앙 하늘아, 우리 언제 경주에 갈까?

하늘 이번 주말에 **가든지** 다음 주말에 **가든지** 하자. 가고 싶은 생각이 들었을 때 빨리 가지 않으면 계속 미루게 돼.

연습해 봅시다

• 우진 씨의 회사 동료 제임스 씨가 외국으로 가게 되었습니다. 보기와 같이 이야기 하십시오.

	우진 씨가 들은 이야기	궁금한 것	선택
보기	제임스 씨가 해외 근무를 신청했다.	제임스 씨가 어디로 갈까?	일본? 미국?
1	팀에서 제임스 씨 송별회를 준비한다.	어디에서 송별회를 할까?	회사 안에 있는 식당? 회사 앞에 있는 식당?
2	송별회 때 팀원들이 제임스 씨에게 선물을 줄 것이다.	무엇을 선물할까?	

보기

우진 제임스 씨가 해외 근무를 **신청했다지요**? 어디로 가는지 아세요?

동료 제임스 씨가 일본어도 잘하니까 일본으로 **가든지** 고향인 미국으로 **가든지** 할 거라고 들었어요.

우진 그렇군요. 정이 들었는데 한국을 떠난다고 하니까 아쉬워요.

복습

1 알맞은 단어를 골라서 ( ) 안에 쓰십시오.

경제적 매력 산책로 표지판 가르다 안정시키다 마음껏 배보다 배꼽이 크다

시우 오랜만에 제주도에 왔더니 길이 다 바뀐 것 같아요.

윤정 그러게요. ① (   )이/가 없었으면 지난번에 온 곳인지 몰랐을 거예요.

시우 제주도는 걷기 편한 ② (   )도 있고 구경할 것도 많은 곳이어서 여러 가지 ③ (   )이/가 있는 곳이에요.

윤정 이번 여행에서 하고 싶었던 것을 ④ (   ) 하면서 바쁜 일상 때문에 지친 마음을 ⑤ (   )어야겠어요/아야겠어요/여야겠어요.

시우 참, 차는 작은 차를 빌렸는데 괜찮아요? 차가 작으면 여러 비용이 적게 드니까 ⑥ (   )이잖아요.

윤정 잘 했어요. 비행기 표와 숙소도 다 싸게 예약했는데 ⑦ (   )으면/면 안되죠. 우리 제주도의 바람을 ⑧ (   )으면서/면서 달려 볼까요?

2 다음 문법을 사용하여 대화를 완성하십시오.

-는가 하면 -는다는 -는다지요? -든지 -든지

수현 이른 아침에 온도가 낮을 때 운동을 하면 심장에 ① _______________
무리가 갈 수 있다

승희 네, 그리고 저는 날씨가 추울 때 운동을 하면 ② _______________ 말도 들었어요.
건강에 좋지 않다

수현 운동도 좋지만 건강을 잃으면 안 되니까 낮에 조금 따뜻해지면 운동을 하는 것이 좋을 것 같아요.

승희 실내에서 ③ _______________ 하면 좋겠네요.
요가를 하다, 필라테스를 하다

수현 네, 그런데 현대인들이 모두 건강에 신경을 쓰는 것은 아닌가 봐요. 저희 팀 동료들 중에는 꾸준히 ④ _______________ 전혀 운동을 하지 않는 사람도 있더라고요.
운동을 하는 사람이 있다

승희 건강은 건강할 때 지켜야 한다고들 하잖아요. 우리는 열심히 운동을 하면서 건강하고 행복하게 살아요.

16과

생활 속의 환경 문제

01 재활용과 재사용

대화 어휘 개성, 사회적, 심각하다, 완성하다, 증가하다, 갈수록, 환경 오염

확장 어휘 이익, 묻다, 재사용하다, 재활용하다, 처리하다

문법 -게요

-던가요?

02 환경과 생활 습관

대화 어휘 면, 일회용품, 불필요하다, 다소, 되도록

확장 어휘 과대, 구입, 무절제하다, 자제하다, 최소화하다

문법 -더니[3]

-도록 하다

1. 재활용과 재사용

MP3 / 31

- 지금은 필요하지 않지만 버리기 아까운 물건이 있을 때 여러분은 어떻게 합니까?
- 필요 없는 물건을 새롭게 활용해서 써 본 적이 있습니까?

예지 헌 옷으로 가방을 만드는 수업이 인기가 많은가 봐요. 사람들이 신청을 이렇게 많이 하게요.

노라 환경 문제에 관심을 가진 사람이 늘고 있어서 그런가 봐요.

예지 수업을 들어 보니까 어떻던가요?

노라 나만의 개성이 담긴 가방을 완성할 수 있어서 좋았어요. 환경 보호를 실천하고 있다는 생각이 드니까 기분도 좋아지고요.

예지 갈수록 증가하고 있는 쓰레기가 환경 오염의 가장 큰 원인이 되는 데다가 사회적으로도 심각한 문제가 되고 있으니까 정말 의미 있는 시간이었겠어요.

노라 네, 전에는 사용하지 않는 물건이 있으면 그냥 버리곤 했는데 이 수업을 들은 후부터는 어떻게 하면 더 쓸 수 있을지 생각하게 되는 것 같아요.

개성 완성하다 갈수록 증가하다 환경 오염 사회적 심각하다

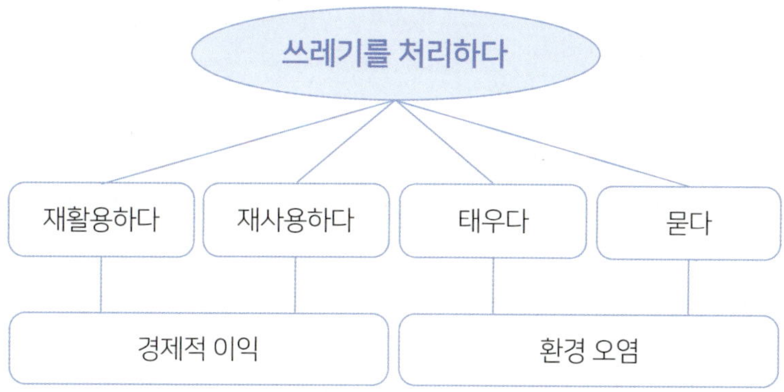

• 보기 와 같이 빈칸을 채우십시오.

Q) 내가 버린 쓰레기는 어떻게 되나요?

A) 일반 쓰레기의 경우 불에 보기 (태우)거나 땅에 ① (　　　　　)는/은/ㄴ 방법으로 ② (　　　　　)습니다/ㅂ니다. 한국에서는 쓰레기 중 약 60%가 재활용되고 있는데, 재활용되는 쓰레기가 매년 점점 증가하고 있습니다. 쓰레기는 활용을 잘하면 ③ (　　　　　)을/를 줄일 수 있고, ④ (　　　　　)도 가져올 수 있습니다.

Q) 재활용하는 것과 재사용하는 것은 어떻게 달라요?

A) ⑤ (　　　　　)는/은/ㄴ 것은 사람들이 버린 종이를 공책이나 화장지로 새로 만드는 것처럼 더 이상 쓸 수 없는 물건을, 용도를 바꾸거나 다른 새 제품으로 만들어서 다시 쓰는 것입니다. 그리고 ⑥ (　　　　　)는/은/ㄴ 것은 필요 없는 물건을 다른 사람이 다시 사용하게 하는 것입니다. 사용하던 물건을 필요한 사람에게 주는 것, 사용하지 않는 물건을 다른 사람의 물건과 바꾸거나 싸게 파는 것이 그 예입니다. 처리 비용이 들지 않기 때문에 가장 좋은 방법이지요.

• 여러분 나라에서는 환경을 보호하기 위해 쓰레기를 어떻게 처리합니까? 보기 와 같이 이야기하십시오.

보기

우리 나라는 음료수 값에 병이나 캔 값이 포함되어 있어요. 빈 병이나 캔을 마트에 가져가면 돈을 돌려받을 수 있어서 사람들이 병과 캔을 적극적으로 **재활용하는** 편이에요. 그리고 쓰레기를 **태워서** 지역에 난방을 공급하는데 쓰레기를 태울 때 나오는 연기가 공기를 오염시키지 않도록 잘 관리해요. 땅에 **묻는** 쓰레기는 1% 정도밖에 안 돼요.

1 -게요

• 에릭 씨는 친구들의 모습을 보고 무슨 생각을 했을까요? 보기 와 같이 이야기하십시오.

보기

에릭 주앙 씨, 많이 피곤해요? 계속 **졸게요.**

주앙 발표 준비를 하느라고 밤을 거의 새워서 그래요.

2 -던가요?

• 제주도를 여행하고 온 레오 씨에게 여행 경험에 대해 노라 씨가 묻습니다. 보기와 같이 질문하십시오.

보기 음식

① 날씨

② 한라산

③ 산책로

④ 귤 따기 체험

⑤ 말 타기

보기

노라 레오 씨, 제주도 음식이 입에 **맞던가요?**
레오 네, 제주도에서 먹은 음식들이 모두 입에 맞던데요.
노라 무슨 음식이 제일 **맛있던가요?**
레오 저는 해물탕이 제일 맛있었어요.

연습해 봅시다

• 유키 씨가 주앙 씨를 만나서 궁금한 것에 대해 묻고 있습니다. 보기와 같이 이야기하십시오.

	유키의 추측	주앙의 대답	유키가 궁금한 것
보기	오늘 주앙의 표정이 하루 종일 밝은 것을 보니까 즐거운 일이 있었나 보다.	며칠 전에 친구 소개로 마음에 드는 사람을 만났는데 오늘 또 만나기로 했다.	그 사람의 어떤 점이 마음에 들었는지?
1	아침에 주앙에게 메시지를 보냈는데 저녁까지 답장이 없는 것을 보니까 오늘 바빴나 보다.	식당 아르바이트를 하는 첫날이었는데 일을 하느라고 메시지를 볼 시간이 없었다.	많이 힘들었는지?
2	주앙의 눈이 빨간 것을 보니까 울었나 보다.	영화를 봤는데 너무 슬펐다.	

보기

유키 오늘 뭐 즐거운 일 있어요? 하루 종일 표정이 **밝게요**.

주앙 며칠 전에 친구 소개로 마음에 드는 사람을 만났는데 그 사람을 오늘 또 만나기로 했거든요.

유키 그래요? 그 사람의 어떤 점이 마음에 **들던가요?**

주앙 성격이 밝고 대화가 잘 통해서 좋았어요.

2. 환경과 생활 습관

- 여러분 나라에서 많이 사용되는 일회용품은 무엇입니까? 사람들은 왜 그 일회용품을 많이 사용합니까?
- 여러분은 개인 컵을 가지고 다닙니까? 왜 그렇게 합니까?

하늘 에릭 씨, 개인 컵을 가지고 다니시네요.

에릭 네, 친구가 '종이컵을 덜 사용하는 것이 나무를 심는 것보다 더 효율적'이라는 말을 듣더니 저에게도 개인 컵을 하나 사 주더라고요.

하늘 개인 컵을 사용하면 불필요한 일회용품 사용을 줄일 수 있겠어요. 말이 나온 김에 저도 하나 사 볼까요?

에릭 좋은 생각이에요. 개인 컵을 사용하면 음료 값을 할인해 주는 커피숍도 많으니까 경제적이기도 하고 쓰레기도 줄일 수 있으니까 여러 면에서 좋은 것 같아요.

하늘 이제부터는 환경을 생각해서 되도록 개인 컵을 갖고 다니면서 일회용품 사용을 줄이도록 해야겠어요.

에릭 처음에는 다소 번거롭겠지만 개인 컵을 사용하다가 보면 금방 적응이 될 거예요.

불필요하다 일회용품 면 되도록 다소

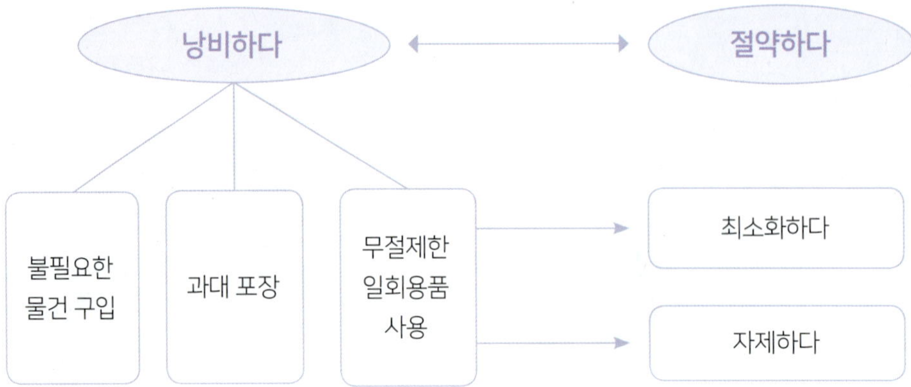

• 보기 와 같이 빈칸을 채우십시오.

환경을 생각하는 생활 습관

물건들을 생각 없이 사고 버리면서 돈과 에너지를 보기 (낭비하)고 있지는 않나요? 절약하는 생활 습관이 환경을 살릴 수 있습니다.

- 쓰레기를 종류에 따라 나누어서 버려요.
- ① (   )는/은/ㄴ 물건을 구입하지 않도록 물건을 사기 전에 한 번 더 생각해요.
- 다시 쓸 수 있는 물건은 버리지 않고 사용해요.
- 버리기 전에 다시 한번 고쳐서 사용해 봐요.
- 포장이 필요한 경우라고 해도 필요 이상의 ② (   )을/를 하지 않아요.
- ③ (   )처럼 환경에 나쁜 영향을 주는 제품의 사용을 ④ (   )으려고/려고 노력해요.

• 여러분은 쓰레기를 줄이기 위해 어떤 노력을 합니까? 보기 와 같이 이야기하십시오.

보기

저는 작게 접을 수 있는 가벼운 가방을 늘 가지고 다니면서 쇼핑할 때 비닐 봉투 대신 사용해요. 그러면 비닐 봉투를 **낭비하지** 않을 수 있어요. 그리고 택배 상자도 물건을 정리할 때 사용하는데 이렇게 하면 쓰레기를 **최소화할** 수 있어요.

1 -더니[3]

• 드라마에서 본 남녀 주인공의 행동을 보기와 같이 이야기하십시오.

남자 주인공의 행동

여자 주인공의 행동

보기

남자가 휴대 전화 달력을 **보더니** 밖으로 뛰어 나갔어요.

2 -도록 하다

- 외국에서 손님이 오신다고 해서 부장님이 직원들에게 여러 가지 일을 시키고 있습니다. 보기 와 같이 이야기하십시오.

보기

부장 박 과장, 손님이 공항에 도착하시는 시간을 **확인하도록 하세요**.

박 과장 네, 알겠습니다. 시간을 확인하는 대로 **말씀드리도록 하겠습니다**.

연습해 봅시다

• 다음과 같은 문제가 생겼을 때 어떻게 해결하면 좋겠습니까? 보기와 같이 이야기하십시오.

	문제	해결 방법 제안
보기	오랫동안 연락이 없던 친구가 메시지로 갑자기 연락했다. → 돈을 빌려 달라고 한다.	연락한 사람이 친구가 맞는지 확인부터 해야 한다.
1	지하철에 어떤 사람이 탔다. → 큰 소리로 이상한 말을 하면서 돌아다닌다.	지하철 고객센터에 문자 메시지를 보내서 불편한 점에 대해 이야기한다.
2	동생이 거짓말을 한번 했다. → 계속해서 거짓말을 한다.	

보기

하늘 오랫동안 연락이 없던 친구가 메시지로 갑자기 **연락하더니** 돈을 빌려 달라고 해요.
예지 연락한 사람이 친구가 맞는지 먼저 확인부터 **하도록 하세요**.

복습

1 알맞은 단어를 골라서 (   ) 안에 쓰십시오.

개성 일회용품 환경 오염 불필요하다 심각하다 자제하다 갈수록 되도록

윤아 어제 공원에 갔는데 사람들이 직접 기른 채소나 직접 만든 생활용품 같은 것들을 가지고 나와서 판매하더라고요. 재미있어서 한참 구경하다가 왔어요.

유키 제 고향에도 비슷한 행사가 있어요. 그런 곳에서는 판매하는 사람들의 ❶ (   )이/가 느껴져서 구경하는 재미가 있지요? 뭐 살 만한 것이 있었어요?

윤아 배가 좀 고팠는데 마침 먹을 것도 팔고 있었어요. 그런데 거기는 한 번 쓰고 버리는 ❷ (   )을/를 사용하지 않는 곳이어서 돈을 내고 그릇을 빌려야 했어요. 다 먹은 그릇을 반납하니까 그릇 빌릴 때 낸 돈을 돌려주더라고요.

유키 좋은 아이디어네요. ❸ (   ) 환경 문제가 ❹ (   )어진다고/아진다고/어진다고 걱정들을 하는데 그렇게 하면 ❺ (   )을/를 줄일 수 있겠어요. ❻ (   )는/은/ㄴ 일회용품 사용을 ❼ (   )겠다는 생각을 계속 갖는 것이 중요한 것 같아요.

윤아 맞아요. 저도 이번에 그 시장에 갔다 오면서 ❽ (   ) 일회용품을 사용하지 말아야겠다고 생각했어요.

2 다음 문법을 사용하여 대화를 완성하십시오.

-게요 -던가요? -더니 -도록 하다

올리비아 하늘 씨, 어디 아파요? 안색이 별로 ❶ ________ (안 좋다)

하늘 아니에요, 사촌 동생들하고 새로 생긴 놀이공원에 갔다가 밤늦게 집에 왔거든요.

올리비아 많이 피곤하겠어요. 그런데 그 놀이공원에 재미있는 놀이 기구가 많다고 들었는데 가 보니까 ❷ ________ (어떻다)

하늘 사람이 정말 많았어요. 동생들은 제일 먼저 롤러코스터를 탔는데 롤러코스터에서 ❸ ________ (내리다) 또 타고 싶다고 하면서 다시 타러 갔어요. 그런데 줄이 너무 길어서 다른 놀이 기구를 타러 갔어요. 하지만 놀이 기구마다 기다리는 사람이 너무 많아서 결국 몇 개 못 타고 돌아왔어요.

올리비아 기다리기만 하고 많이 타지 못해서 아쉬웠겠어요. 저도 그 놀이공원이 궁금했는데 이번 주말에 가 봐야겠어요.

하늘 어제가 일요일이라서 사람이 특히 많았던 것 같아요. 주말에는 사람이 너무 많으니까 평일 아침에 일찍 ❹ ________ (가다)

17과

개인과 공동체

01 개인주의

대화 어휘 사다, 참석하다, 귀를 기울이다, 눈치를 보다, 뭐라고 하다, 손발을 맞추다

확장 어휘 시선, 타인, 당당하다, 두렵다, 외면하다, 의식하다, 개의치 않다

문법 -었을 텐데

-는 둥 마는 둥 하다

02 함께 사는 집

대화 어휘 공동생활, 비교적, 여럿, 정기적, 둘러보다, 입주하다, 쇠뿔도 단김에 빼랬다

확장 어휘 공용, 동거인, 사생활, 사적, 제약

문법 -는 만큼

-는다고[1]

1. 개인주의

MP3 / 33

- 사람들과 함께 어울리는 자리를 좋아합니까? 좋아하지 않습니까? 왜 그렇습니까?
- 뒤풀이나 회식에 가고 싶지 않을 때 여러분은 어떻게 합니까?

민철 과장님이 출근하자마자 정연우 씨를 불러서 뭐라고 하셨다면서요?

우진 뭐라고 하신 것은 아니고 어제 회식이 있는 것을 알았을 텐데 왜 참석하지 않았냐고 물어보신 거였어요. 그런데 정연우 씨는 몰랐다고 하더군요.

민철 아, 그랬군요. 정연우 씨는 일에 대해 이야기할 때는 귀를 기울여 듣는데 그 외의 다른 이야기를 할 때는 듣는 둥 마는 둥 하는 것 같아요. 회식 이야기를 할 때도 잘 듣지 않았던 거지요.

우진 그랬나 봐요. 그런데 정연우 씨와 같이 일할 때 어땠어요? 손발을 맞추기가 쉽지 않았을 것 같은데요.

민철 일할 때 불편한 것은 없었어요. 업무 능력도 뛰어나고 맡은 일도 얼마나 효율적으로 처리하는데요.

우진 일도 잘하고 윗사람 눈치도 보지 않고, 어떤 면에서는 부러움을 살 만한 사람이군요.

뭐라고 하다 참석하다 귀를 기울이다 손발을 맞추다 눈치를 보다 사다

당당하다 개의치 않다 외면하다 자유롭다	**타인의 시선에 대한 나의 태도**	신경을 쓰다 눈치를 보다 의식하다 두렵다

• 다음은 직장 내 개인주의 문화에 대해 알아보기 위해서 만든 질문지입니다. 보기 와 같이 빈칸을 채우십시오.

직장 내 개인주의 문화에 대한 가치관 조사

* 다음은 개인주의 문화에 대한 직원들의 생각을 알아보기 위한 조사입니다.

나이 (20대, 30대, 40대, 50대) 성별 (남, 여)

1. 나는 보기 (타인의 시선을) ~~을/~~를 항상 ❶ (　　　　　　)고 신경을 쓰는 편이다. ☐
   나는 보기 (타인의 시선)에 ❷ (　　　　　　)는/은/ㄴ 편이다. ☐
2. 퇴근 시간이 되면 먼저 윗사람의 ❸ (　　　　　　)는다/ㄴ다/다. ☐
   퇴근 시간이 되면 윗사람의 ❸ (　　　　　　)지 않고 퇴근한다. ☐
3. 나는 동료들과 의견이 다를 때 ❹ (　　　　　　)게 말하는 편이다. ☐
   나는 동료들과 의견이 다를 때 ❹ (　　　　　　)게 말하지 못하는 편이다. ☐
4. 나는 동료가 일을 어려워할 때 ❺ (　　　　　　)지 않고 도와준다. ☐
   나는 동료가 일을 어려워할 때 도움을 요청하기 전에는 도와주지 않는다. ☐
5. 회식에 가지 않으면 회사 생활에 나쁜 영향을 줄까 봐 ❻ (　　　　　　)는다/ㄴ다/다. ☐
   회식에 가지 않아도 회사 생활에 특별한 영향이 없을 거라고 생각한다. ☐

⋮

* 조사에 참여해 주셔서 감사합니다.

• 어떤 상황에서 타인의 시선을 의식하게 됩니까? 보기 와 같이 이야기하십시오.

보기

식당에 갔는데 손님들 중에 저만 혼자 왔을 때 밥을 먹기가 좀 불편해요. 모두들 저를 이상한 **시선**으로 보는 것 같거든요. 보통 저는 다른 사람의 시선에 별로 **신경을 쓰지** 않는데 그런 곳에서는 아무래도 다른 사람을 **의식하게** 돼요.

1 -었을/았을/였을 텐데

- 스포츠 기자가 한 달 전에 윤선아 선수 어머니를 인터뷰한 내용을 가지고 윤선아 선수에게 질문하고 있습니다. 보기와 같이 질문을 만들어 보십시오.

윤선아 선수 어머니 인터뷰 내용

보기 "선아가 부상을 당했을 때 아무한테도 이야기하지 않고 경기를 계속 했어요."

1. "수술을 한 후에 의사 선생님으로부터 다시는 선수 생활을 하지 못할 거라는 얘기를 들었는데도 울지 않았어요."
2. "다시 선수 생활을 하기 위해 치료를 받고 운동하는 동안 저에게 한 번도 힘들다고 말하지 않았어요."
3. "선수로 다시 돌아온 첫 대회 때 성적이 좋지 않았는데 실망한 것을 표현하지 않고 괜찮다고만 했어요."
4. "작년에 1등을 했을 때 크게 웃지 않았어요."
5. "1등을 한 후 바로 선수 생활을 그만두겠다고 결정을 했는데 그때 가족 누구와도 의논하지 않았어요."

XXXX-XX-XX

보기

부상을 당했을 때 많이 **아팠을 텐데** 아무한테도 이야기하지 않고 계속 경기를 하셨다면서요? 그때 상황을 말씀해 주시겠습니까?

2 -는 둥 마는 둥 하다

• 김영수 씨의 하루입니다. 그림을 보고 보기와 같이 이야기하십시오.

보기 오전 8:00

❶ 오전 8:15

❷ 오전 8:55

❸ 오후 2:00

❹ 오후 5:30

❺ 오후 8:00

보기

영수 씨는 입맛이 없어서 아침을 **먹는 둥 마는 둥 했어요**.

연습해 봅시다

- 존 씨가 오늘 평소와는 다르게 행동하는 주앙 씨의 모습을 보았습니다. 이에 대해서 이야기하는 존 씨와 리타오 씨의 대화를 보기 와 같이 만드십시오.

	시간	오늘 주앙의 모습
보기	새벽	축구 경기를 보기는 했지만 잘 보지 않았다.
1	오전	아침도 먹지 않고 소파에 한 시간 정도 누워 있다가 일어났다. 주앙에게 잠을 좀 잤냐고 물어보니까 잘 자지 못했다고 했다.
2	점심	오전 내내 아무것도 하지 않더니 점심때도 밥을 별로 먹지 않았다.

보기

존 주앙 씨가 오늘 새벽에 하는 축구 경기를 **보는 둥 마는 둥 했어요**.

리타오 주앙 씨가 **보고 싶어 하던 경기였을 텐데** 왜 그랬을까요?

존 모르겠어요. 그리고 나서 아침도 먹지 않고 소파에 한 시간 정도 누워 있다가 일어났어요. ……

2. 함께 사는 집

- 가족과 같이 살 때와 혼자 살 때의 장단점은 무엇이라고 생각합니까?
- 가족이 아닌 사람들과 한 집에서 같이 사는 주거 형태에 대해서 어떻게 생각합니까?

정희 작은 원룸에서 오래 살다 보니 이제는 좀 큰 집에서 살고 싶어요.

노라 큰 집이요? 다른 사람들과 같이 사는 것이 불편하지 않다면 제가 사는 집으로 올래요? 요즘 새로 입주할 사람을 찾고 있거든요.

정희 제가 혼자 오래 살아서 다른 사람들하고 잘 어울려 생활할 수 있을지 모르겠어요. 그곳은 여럿이 함께 지내는 만큼 더 조심해야 하잖아요.

노라 그렇긴 한데 정기적으로 모임을 가지면서 공동생활에 필요한 규칙에 대해서 자유롭게 의견을 교환하니까 불편한 일이 별로 없어요. 게다가 월세도 비교적 저렴한 편이고요.

정희 그래요? 그럼 쇠뿔도 단김에 빼랬다고 지금 바로 가서 신청할까요?

노라 그렇게 급하게 결정할 필요는 없어요. 지금 가서 한번 둘러본 후에 천천히 생각해 보세요.

입주하다 여럿 정기적 공동생활 비교적 쇠뿔도 단김에 빼랬다 둘러보다

어휘

• 다음은 입주 안내문입니다. 보기와 같이 빈칸을 채우십시오.

함께 사는 집 '우리' 생활 안내

보기 (배려하)고 양보하면서 함께 사는 '우리'에 입주하신 걸 환영합니다. 다 함께 편안한 생활을 하기 위해서 마련한 아래의 규칙을 잘 읽고 꼭 지켜 주시기 바랍니다.

1. ❶ (　　　　　　　) : 거실, 부엌, 화장실 등을 이용한 후에는 꼭 깨끗하게 정리해 주십시오.
2. 절약 :
3. 쓰레기 :
4. 소음 :
5. 손님 초대 : 손님 초대를 제한하고 있습니다. 손님을 꼭 초대하고 싶은 경우에는 ❷ (　　　　　　　)의 동의를 받아야 합니다.
6. ❸ (　　　　　　　) : 개인의 ❹ (　　　　　　　)에 허락 없이 들어가는 일이 없도록 해 주십시오. 남에게 피해를 주지 않기 위해서는 생활에 ❺ (　　　　　　　)을/ㄹ 수밖에 없습니다. 편안한 ❻ (　　　　　　　)을/를 위해서 위의 규칙들을 꼭 지켜 주시기 바랍니다.

• 회사에서 직원들 2~3명이 함께 살 수 있는 아파트를 싸게 빌려 준다고 합니다. 여러분은 이 집에서 살겠습니까? 살지 않겠습니까? 왜 그렇게 생각하는지 보기와 같이 이야기하십시오.

보기

회사 동료들과 같이 살면 여러 가지로 불편한 점이 많을 것 같아요. 자기 방에서 생활을 한다고 해도 한 집에 있으니까 서로의 **사생활**을 알게 되잖아요. 그래서 저는 아무리 다른 곳보다 저렴해도 동료들과 **공동생활**을 하고 싶지는 않아요.

1 -는/은/ㄴ 만큼

- 학생들이 종강 파티에 대해서 회의를 하고 있습니다. 다음을 보고 보기 와 같이 이야기 하십시오.

보기

에릭 안녕하십니까? 회의를 맡은 에릭입니다. 그럼 지금부터 종강 파티에 관한 회의를 시작하겠습니다. 이 행사가 이번 학기에 하는 **마지막 행사인 만큼** 다양하고 좋은 의견을 많이 말씀해 주시기 바랍니다.

문법

2 -는다고/ㄴ다고/다고[1]

• 잡지 기사의 내용을 보고 알맞은 말을 골라서 보기 와 같이 이야기하십시오.

고생 끝에 낙이 온다	가르치면서 배운다
전화위복	부부는 닮는다
배움에는 나이가 없다	독서가 상상력을 키운다

사람과 사람들 3월호

15

보기 한국대학교 1등 합격자 이교진 학생, "저는 친구들 공부를 도와주는 것을 즐겼어요."

18

① 드라마 연기상을 받은 배우 송연아씨, "영화 오디션에서 떨어지지 않았다면 이번 드라마에 출연하지 못했을 거예요."

22

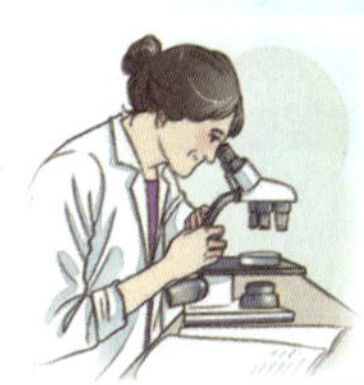

② 생물학자 진구연 씨, 10년 동안 포기하지 않고 힘들게 연구해서 얻은 실험 결과, 세계에서 인정받다!

25

③ 소설가 하영수 씨에게 놀라운 상상력에 대해서 묻다, "어렸을 때부터 책을 손에서 놓지 않았어요."

30

④ 65세에 초등학교를 졸업한 김연학 할머님의 졸업식에 가다!

33

⑤ 형제 같이 닮은 부부, "오래 같이 사니까 외모도 비슷해졌나 봅니다."

보기

가르치면서 배운다고 이교진 학생은 친구들의 공부를 도와주기 위해 가르친 것이 자신의 공부에도 도움이 되었어요.

연습해 봅시다

- 사장님이 직원들에게 새로운 사업에 대한 계획서를 내라고 했습니다. 의견을 모아서 계획서를 준비하는 직원들의 대화를 보기 와 같이 만들어 보십시오.

계획서 쓰기 전	계획서 쓰기 시작	계획서 내기 전
유비무환	**시작이 반이다**	**돌다리도 두들겨 보고 건너라**
[의견1] 다양한 상황에 대해 준비해야 걱정이 없다. **[의견2]** 사업을 할 때는 미리 생각하지 못한 일이 많이 생긴다.	**[의견1]** 이렇게 오래 조사만 하다가는 사업 계획서를 쓰지 못하겠다. 이제 쓰기 시작하는 것이 좋겠다. **[의견2]** 준비를 충분히 했다.	**[의견1]** **[의견2]** 우리 회사의 미래를 결정하는 중요한 보고서이다.

보기

직원1 새로운 사업을 시작하려면 우선 여러 가지 상황에 대해 준비하고 조사해야 합니다. **유비무환이라고** 다양한 상황에 대해 준비를 해야 걱정이 없지요.

직원2 네, 사업을 할 때는 미리 생각하지 못한 일이 **많이 생기는 만큼** 다양한 가능성을 생각해 보는 것이 좋겠습니다.

복습

1 알맞은 단어를 골라서 (   ) 안에 쓰십시오.

비교적	정기적	당당하다	의식하다
귀를 기울이다	눈치를 보다	뭐라고 하다	손발을 맞추다

우진 박 부장님이 영업 1팀과 2팀이 함께 일하라고 하시면서 큰일을 하나 맡기셨다지요?

민철 네, 맞아요. 그런데 과장님이 두 분이시니까 가끔 누구 말을 따라야 할지 ① (   )게 돼요.

우진 왜요? 무슨 일이 있었어요?

민철 오전에 2팀 과장님이 시키신 일을 하고 있는데 우리 1팀 과장님이 저에게 어느 팀 직원이냐고 ② (   )으셨어요/셨어요.

우진 그래요? 혹시 두 과장님이 지금 서로를 ③ (   )으면서/면서 경쟁하는 것은 아닐까요?

민철 잘 모르겠어요. 두 분이 ④ (   )을/ㄹ 시간이 좀 필요해 보여요.

우진 1팀 과장님은 동료의 의견에 ⑤ (   )을/ㄹ 줄 알고 일도 ⑥ (   ) 효율적으로 처리한다고 들었어요. 그러니까 오전에 있었던 일에 대해 민철 씨 생각을 ⑦ (   ) 게 얘기해 보세요.

민철 네, 일의 진행 상황을 확인하기 위해서 1팀과 2팀이 함께 모이는 ⑧ (   )인 모임을 갖자고 제안해 봐야겠어요.

우진 네, 그렇게 하는 게 좋을 것 같아요.

2 다음 문법을 사용하여 대화를 완성하십시오.

-는다고	-는 만큼	-었을 텐데	-는 둥 마는 둥 하다

제인 어제도 분명히 숙제가 ① ________ (있다) 엠마 씨가 집에서 숙제를 하지 않았어요. 숙제가 없냐고 물었더니 대답을 ② ________ (하다) 고 그냥 집에서 나가 버렸어요.

노라 그랬군요. 오늘 수업 시간에 엠마 씨가 어제 급한 일이 생겨서 숙제를 못 했다고 얘기했어요.

제인 엠마 씨가 이번 학기에는 열심히 공부하고 숙제도 날마다 하겠다고 저와 약속했는데요. ③ ________ (작심삼일) 결심이 오래 가지 못했어요.

노라 하지만 어제 한 번만 못했을 뿐이잖아요. 엠마 씨가 자신이 결심한 것을 꼭 지키겠다고 제인 씨와 ④ ________ (약속하다) 저는 엠마 씨가 자기가 한 말을 지킬 거라고 봐요.

18과

변화하는 사회

01 사고방식의 변화

대화 어휘 개념, 경향, 기성세대, 투자, 현실적, 대비하다

확장 어휘 개방적, 보수적, 비합리적, 이상적, 진보적, 집단, 합리적

문법 -꼴로

-는 수가 있다

02 도시의 변화

대화 어휘 원래, 꾸미다, 둘러싸이다, 떠올리다, 부수다, 끊임없이

확장 어휘 개선, 발달, 확장, 번화하다, 쾌적하다, 활기차다

문법 -으려나 보다

하면

1. 사고방식의 변화

MP3 / 35

- 나이에 따라서 사람들의 생각이 다릅니까? 다르다면 어떻게 다릅니까?
- 여러분은 현재를 즐기기 위해 돈을 쓰는 것에 대해 어떻게 생각합니까?

어머니 어제 뉴스를 보니까 젊은 사람들은 일 년에 두세 번꼴로 해외여행을 간다고 하더라.

우진 저는 뭐든지 즐길 수 있을 때 즐기는 것이 좋다고 생각해요.

어머니 예전에는 월급이 많건 적건 무조건 저축해서 돈을 모으겠다는 생각이 먼저였는데 요즘 세대는 돈에 대한 개념이 우리와 많이 다른 것 같아.

우진 요즘 세대는 기성세대와 달리 불확실한 미래를 위해 저축이나 투자를 하기보다는 현재의 생활을 즐기려는 경향이 강해요. 그게 더 현실적이라고 생각하거든요.

어머니 하지만 미래를 대비하지 않고 지금 하고 싶은 것만 하다가는 나중에 크게 고생하는 수가 있어.

우진 미래를 위해서 지금 현재의 행복을 포기하고 싶지 않아요. 오늘을 후회 없이 행복하게 사는 게 중요하니까요.

개념 기성세대 투자 경향 현실적 대비하다

어휘

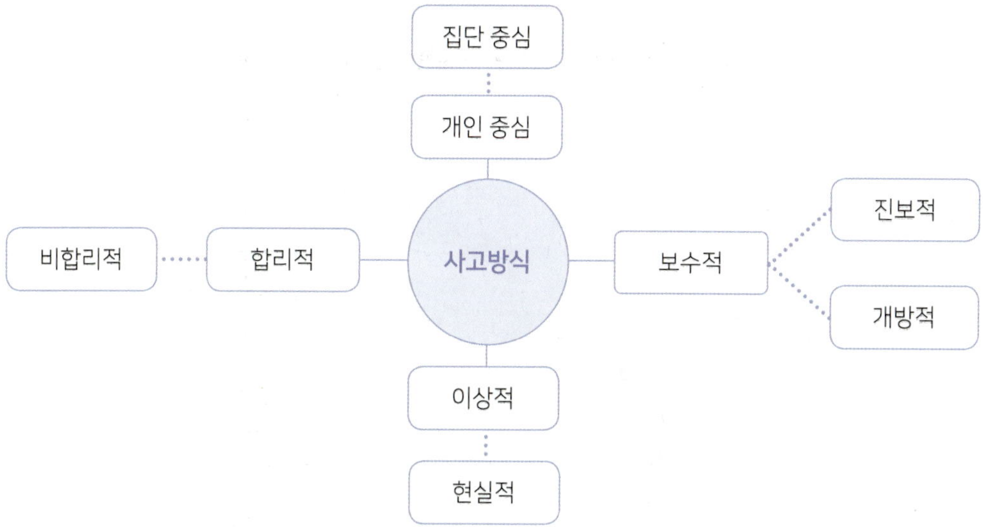

• 다음은 기성세대와 젊은 세대 간 사고방식의 차이입니다. 보기와 같이 빈칸을 채우십시오.

요즘 세대와 우리 세대는 여러 면에 보기 (사고방식이)~~이/가~~ 달라요.

기성세대는 변화보다 지금까지 있던 전통을 지키려고 하는 ① (   )인 면이 강해요.

미래를 위해 현재의 어려움을 참아야 한다고 생각해요.

우리 세대는 ② (   )의 사고방식이 강해서 개인보다는 가족이나 회사를 더 중요하게 생각하는 사람이 많아요.

젊은 세대는 전통적인 것보다 사회의 변화와 발전을 중요하게 생각하는 ③ (   )인 면이 강해요.

저는 ④ (   )인 사고방식을 가진 편이어서 열린 마음으로 변화를 쉽게 받아들여요.

미래도 중요하지만 현재의 즐거움을 위해 돈을 쓰는 것이 ⑤ (   )이라고/라고 생각해요.

가족이나 회사, 사회와 같은 집단보다 개인을 더 중요하게 생각하는 경향이 있어요.

• 여러분은 부모님과 어떤 면에서 세대 차이를 느낍니까? 보기와 같이 이야기하십시오.

보기

부모님은 아직도 여자의 일과 남자의 일이 따로 있다고 생각하는 **보수적인** 면이 강하세요. 부모님 세대는 남자는 밖에서 일을 하고 여자는 집안일을 해야 한다고 생각했어요. 하지만 요즘은 **현실적으로** 남자와 여자가 같이 돈을 벌어야 생활을 유지할 수 있으니까 그만큼 집안일도 나눠서 해야 한다고 생각해요.

문법

1 -꼴로

• 윤아 씨가 라디오에서 들은 뉴스를 친구에게 이야기합니다. 보기와 같이 이야기하십시오.

보기 요즘 직장인의 35%가 하루에 한 번 이상 밖에서 식사를 한다고 합니다. 또한 ① 일주일에 세 번 정도는 아침을 굶고 출근한다고 합니다.

② 반려동물을 키우는 사람 중 약 42%에게 피부 알레르기 증상이 나타난다고 합니다. 또한 ③ 1년에 4번 정도 동물 병원에 가는 것으로 나타났습니다.

④ 해외 쇼핑몰 이용자 25%가 피해를 당한 적이 있다고 합니다. 그러나 ⑤ 피해 사건의 20% 정도는 교환이나 환불이 불가능 했다고 합니다.

보기

윤아 올리비아 씨, 제가 어제 라디오 뉴스를 들었는데요. 요즘 직장인 **3명 중 1명꼴로** 하루에 한 번 이상 밖에서 식사를 한대요.

2 -는 수가 있다

- 노라 씨가 기숙사에 사는 친구들의 행동을 보고 걱정하고 있습니다. 보기 와 같이 이야기하십시오.

보기 존

① 주앙

② 에릭

③ 리타오

④ 유키

⑤ 흐엉

보기

존 씨, 그렇게 무거운 것을 들다가 허리를 **다치는 수가 있어요**. 그러니까 너무 무거운 것은 들지 마세요.

연습해 봅시다

- 보기 와 같이 이야기하십시오.

	신문 기사 제목	일어날 가능성이 있는 일
보기	만 3~5세 35%가 이미 외국어 교육 받고 있어	한국어도 제대로 못 한다.
1	5천만 한국인 중 반려동물 인구 천만 명 시대, 반려견 산책 시간은 하루 10분도 안 돼	동물도 우울증에 걸린다.
2	30대 미혼 직장인, 일주일에 세 번 이상 저녁 식사를 밖에서 해	건강이 나빠진다.

보기

윤아 신문 기사에 따르면 만 3~5세 어린이 **세 명 중 한 명꼴로** 이미 외국어를 배우고 있대요.

노라 그래요? 그렇게 어릴 때부터 외국어를 배우면 한국어도 제대로 **못하는 수가 있는데요**.

2. 도시의 변화

- 도시를 생각하면 무엇이 가장 먼저 생각납니까?
- 여러분 나라의 도시에서는 예전 건물을 그대로 사용하려고 합니까? 새 건물을 지으려고 합니까?

리타오 저기에 또 새 건물을 지으려나 봐요. 서울은 대도시여서 그런지 끊임없이 공사를 하는 것 같아요.

우진 저렇게 새 건물을 짓는 곳도 있지만 원래의 모습을 그대로 지키고 있는 곳도 있어요. 오래된 집 벽을 그림으로 꾸며서 유명해진 동네가 있는데 지난 주말에 그곳에 다녀왔어요.

리타오 낡은 집들을 새로 짓지 않고 벽에 그림을 그렸다고요?

우진 네, 예전에는 낡은 건물은 부수고 새 건물을 짓는 게 좋다고 생각했는데 요즘은 개발만이 최선이라고 생각하지 않아요.

리타오 사람들은 보통 도시 하면 고층 건물로 둘러싸인 빌딩 숲을 먼저 떠올리잖아요. 그런데 원래의 모습을 유지하려고 노력하다니 놀라운데요.

우진 개발도 중요하지만 도시의 다양한 모습을 유지하려는 노력도 가치 있는 일이라고 생각해요.

끊임없이 원래 꾸미다 부수다 둘러싸이다 떠올리다

도시

- 편의 시설, 문화 공간
- 쾌적하다, 번화하다, 활기차다
- 변화
  - 개발, 발달, 개선, 확장

• 다음은 서울을 소개하는 글입니다. 보기 와 같이 빈칸을 채우십시오.

경제 발전과 함께 빠르게 보기 (변화가)~~이/가~~ 이루어진 도시, 서울!!

젊은이들로 붐비는
1 (　　　　)는/은/ㄴ
홍대!

고층 빌딩으로 둘러싸인
2 (　　　　)는/은/ㄴ
강남!

공연장과 박물관 등
다양한 문화 공간을
갖춘 대학로!

다양한 먹거리, 볼거리 가득한 동대문 시장!
쇼핑몰 같은 3 (　　　　)는/은/ㄴ 쇼핑 공간
불편했던 휴식 공간도 4 (　　　　)이/가 됐습니다.
주차장도 넓게 5 (　　　　)을/를 했습니다.

• 여러분 나라의 도시는 어떻게 변하고 있습니까? 보기 와 같이 이야기하십시오.

보기

우리나라의 도시는 지금도 계속 **개발**이 되고 있어요. 그래서 도시 곳곳에 고층 빌딩이나 아파트를 짓는 모습을 볼 수 있어요. 도시가 개발되면서 도시로 오는 사람도 늘어서 도시는 항상 **활기차요**. 영화관이나 백화점 같은 **편의 시설**도 잘 갖춰져 있고요. 예전보다 생활하기 편리하고 **쾌적해졌어요**.

1 -으려나/려나 보다

• 다음 그림을 보고 어떤 일이 일어날지 보기와 같이 이야기하십시오.

보기

리타오 씨가 손을 움직이는 것을 보니까 곧 **일어나려나 봐요**.

2 하면

• 다음 나라를 생각하면 무엇이 제일 먼저 떠오릅니까? 보기와 같이 이야기하십시오.

보기

베트남

①

일본

②

중국

③

브라질

④

프랑스

⑤

미국

보기

저는 베트남 **하면** 다른 것보다 먼저 쌀국수가 떠올라요. 베트남에 직접 가서 먹는 쌀국수는 어떤 맛일까 궁금해요.

연습해 봅시다

• 흐엉 씨와 우진 씨가 대학교 축제에 갔습니다. 그림을 보고 보기와 같이 이야기하십시오.

보기

흐엉 우진 씨, **음식을 팔려나 봐요.** 무슨 음식을 팔까요?

우진 저는 **축제 음식 하면** 김치전이 먼저 생각나는데 김치전도 팔면 좋겠어요.

복습

1 알맞은 단어를 골라서 (　　) 안에 쓰십시오.

경향　개선　합리적　꾸미다　둘러싸이다　부수다　쾌적하다　끊임없이

우진　몇 년 전만 해도 이 동네에 아파트가 별로 없었는데 요즘은 아파트가 많아진 것 같아요.

유키　맞아요. 낡은 집들을 ❶ (　　　　　)고 여기저기 아파트를 ❷ (　　　　　) 짓고 있어요. 이렇게 계속 아파트를 지으면 동네가 완전히 아파트로 ❸ (　　　　　)겠어요.

우진　사람들이 깨끗하고 ❹ (　　　　　)는/은/ㄴ 새 아파트를 선호하는 ❺ (　　　　　)이/가 있어서 그래요. 아파트가 생기면 주변 환경도 예전보다 ❻ (　　　　　)이/가 되고 가게나 병원 같은 편의 시설도 많이 생겨서 살기가 편해져요. 하지만 그만큼 집값이 비싸져서 집을 살 때 돈이 많이 들 거예요.

유키　그렇게 집값에 돈을 많이 들일 게 아니라 오래된 집이라도 예쁘게 ❼ (　　　　　)고 사는 게 더 ❽ (　　　　　)이라고/라고 생각하는데요.

우진　뭐, 집에 대한 생각은 사람마다 다르니까요.

2 다음 문법을 사용하여 대화를 완성하십시오.

-는 수가 있다　하면　-으려나 보다　꼴로

흐엉　에릭 씨가 '성공하는 카페'라는 책을 읽고 있던데요. 아마 카페를 ❶ ______________
열다

레오　에릭 씨는 카페 사업에 대해 자세히 알아봤겠지요? 제대로 알아보지도 않고 사업을 시작하면 얼마 못 가서 ❷ ______________ 는데요/은데요/ㄴ데요.
문을 닫다

흐엉　신문 기사에 따르면 요즘 경기가 안 좋아서 개업한 카페 ❸ ______________ 3년 안에 문을 닫는다고 하던데 요즘 같은 때에 카페를 열어도 될까요?
3곳 중 1곳

레오　에릭 씨는 꼼꼼한 사람이라서 이미 사업에 대해 여러 가지 조사를 많이 했을 거예요.

흐엉　맞아요. ❹ ______________ 에릭이지요. 에릭 씨라면 무슨 사업을 해도 성공할 거예요.
꼼꼼한 사람

19과

나의 삶

01 선택

대화 어휘 독립, 집세, 고려하다, 신중하다, 철없다

확장 어휘 권유, 사항, 여건, 주위, 형편

문법 -는다며

-을 따름이다

02 현재의 나, 미래의 나

대화 어휘 앞날, 내세우다, 이루어지다, 펼쳐지다, 한창

확장 어휘 예감, 예고, 예방, 예비, 예상

문법 과연 -을까요?

-어 가면서

1. 선택

MP3 / 37

- 사람들의 인생에서 중요한 선택은 어떤 것이 있습니까?
- 지금까지 살면서 선택하기 힘들었던 일이 있었습니까? 왜 선택하기가 힘들었습니까?

승현 저번에 만났을 때 우진이가 독립을 할까 말까 고민하던데 확실히 결정을 했는지 모르겠다.

민준 독립을 하겠다고 결정했을걸. 지난번에 만났을 때 거의 마음을 정한 것 같았어.

승현 부모님과 같이 살면 아무래도 부모님이 계속 간섭을 하실 것 같다며 고민을 하더니 결국 독립을 하기로 결정을 했구나.

민준 독립을 하려면 집세 외에도 고려해야 할 것이 많은데 우진이가 나중에 후회하지는 않겠지?

승현 응, 신중하게 결정했을 거야. 우리가 처음 만났을 때만 해도 우리 모두 철없는 어린 아이들이었는데 이제는 어른이 되어서 독립을 생각할 나이가 되었네.

민준 그러게. 다들 사회생활도 하고 독립도 생각하다니 신기할 따름이야.

독립 집세 고려하다 신중하다 철없다

선택할 때 고려할 사항 → 주변 여건 / 경제적인 형편 / 주위의 권유

• 보기 와 같이 빈칸을 채우십시오.

사람들은 살면서 여러 가지 다양한 선택을 해야 한다. 무슨 옷을 입을지, 뭘 먹을지와 같은 일상의 선택부터 전공이나 취업, 결혼 등 인생의 중요한 선택까지, 이런 선택을 할 때 어떤 선택인지에 따라 보기 (고려할 사항이)~~이/가~~ 달라지는 것은 당연한 일이다.

유학이나 결혼을 결정하려면 먼저 ① (   )을/를 고려하게 된다. 살 집을 선택할 때도 마찬가지이다. 그러나 아무리 싸고 좋은 집이라도 교통편이 나쁘거나 편의 시설이 잘 갖추어져 있지 않는 등 ② (   )이/가 나쁘면 그 집을 선택하지 않게 된다.

간혹 사람들 중에는 ③ (   )을/를 듣고 나서 선택하는 경우도 있다. 그러나 다른 사람의 권유로 선택을 했다고 해도 선택을 한 후에는 그 선택에 대한 책임을 질 수 있어야 자신의 인생의 진짜 주인공이 될 수 있을 것이다.

• 여러분은 최근에 무엇인가를 선택해야 하는 일이 있었습니까? 그것을 선택할 때 어떤 사항을 먼저 고려했습니까? 보기 와 같이 이야기하십시오.

보기

저는 유학을 결정할 때 제일 먼저 **경제적인 형편**을 고려했어요. 다니던 회사도 그만두고 와야 했기 때문에 고민을 많이 했어요. 그때 배움에는 때가 있으니까 더 늦기 전에 도전해 보라고 하는 **주위의 권유**가 있었어요. 이런 주위의 권유가 제가 결정할 때 큰 역할을 했어요. 그래서 큰 마음먹고 유학을 오게 됐어요.

문법

1 -는다며/ㄴ다며/다며

- 친구들이 준희 씨의 생일 파티를 위해서 각자 준비할 것을 정하려고 합니다. 보기 와 같이 이야기하십시오.

보기

존 씨는 룸메이트가 고향에 가서 친구들을 집에 **초대할 수 있다며** 자기 집에서 준희 씨 생일 파티를 하겠다고 했어요.

2 -을/ㄹ 따름이다

• 영화 촬영 현장을 찾은 기자의 질문에 보기와 같이 대답하십시오.

- 지금 날씨도 더운데 조명까지 뜨거워서 힘들지 않으십니까?
- 카메라 감독님은 이렇게 높은 곳에서 촬영을 하면 무섭지 않으십니까?
- 최혁준 씨는 박 감독님, 이정아 씨와의 첫 촬영인데 기분이 어떠십니까?
- 오늘 영화를 처음 촬영하는 거라고 들었습니다. 촬영장에 와 보니까 어떻습니까?
- 감독님이 원하시는 대로 진행이 잘 되고 있습니까?
- 이정아 씨는 이번 작품이 첫 주연 작품이지요? 다른 작품과는 느낌이 다를 것 같은데 어떠십니까?

보기

기자 안녕하십니까? 조명 감독님, 지금 날씨도 더운데 조명까지 뜨거워서 힘들지 않으십니까?

조명 감독님 지금은 더위도 조명의 뜨거움도 느껴지지 않습니다. 오늘 제가 한 실수 때문에 촬영 시간이 길어져서 다른 사람들에게 **미안할 따름입니다.**

연습해 봅시다

• 흐엉 씨와 친구들이 일본으로 여행을 갔습니다. 다음을 보고 흐엉 씨의 생각을 보기와 같이 이야기하십시오.

	상황	친구의 말	흐엉 씨의 감정
보기	첫날 흐엉이 요리를 했다.	친구들 : 미안하지만 너무 매워서 먹기가 힘들어.	열심히 요리를 했는데 속상했다.
①	둘째 날 오랜 시간 동안 걸어 다니면서 구경해서 그런지 모두 피곤해했다.	폴 : 이곳까지 왔는데 근처에 구경할 수 있는 곳은 다 가 봐야 해.	폴이 힘들어하는 친구들을 배려하지 않아서 당황스러웠다.
②	돌아오기 전날 항공사에서 날씨 때문에 비행기가 출발하지 못한다는 메시지가 왔다.	태준 : 내일 회사에 급한 일이 있어.	태준이가 걱정하는 모습을 보니까 마음이 아팠다.

보기

이번에 친구들과 같이 여행을 다녀왔어요. 첫날 제가 요리를 했는데 친구들이 미안하지만 너무 매워서 **먹기가 힘들다며** 조금밖에 먹지 않았어요. 친구들을 위해서 열심히 요리를 했는데 친구들이 많이 안 먹어서 **속상할 따름이었어요**.

2. 현재의 나, 미래의 나

- 여러분은 자신의 미래를 위해 무슨 준비를 하고 있습니까?
- 여러분은 자신의 미래의 모습에 대해 상상해 본 적이 있습니까? 상상 속의 여러분은 어떤 모습입니까?

민지 우리는 10년 후에 어떻게 살고 있을까요?

흐엉 글쎄요, 회사에서 한창 일을 하고 있겠지요. 결혼도 하고 아이도 있을 거고요. 민지 씨는 미래의 자신의 모습에 대해서 생각해 본 적이 있어요?

민지 저는 로봇 과학자가 되는 게 꿈이에요. 우리 생활을 더 편리하게 해 주는 로봇을 만들고 싶어요.

흐엉 정말 멋진 꿈이네요. 아직은 아무것도 내세울 것이 없는 우리인데 과연 우리가 꿈꾸는 대로 이루어질까요?

민지 앞날은 아무도 모르지만 열심히 노력하고 준비하다 보면 멋진 삶이 우리 앞에 펼쳐질 거라고 생각해요.

흐엉 공부하느라고 힘들었는데 민지 씨랑 이야기하니까 기분이 좋아지네요. 이렇게 쉬어 가면서 공부하는 것이 효과적이겠죠?

한창 내세우다 이루어지다 앞날 펼쳐지다

어휘

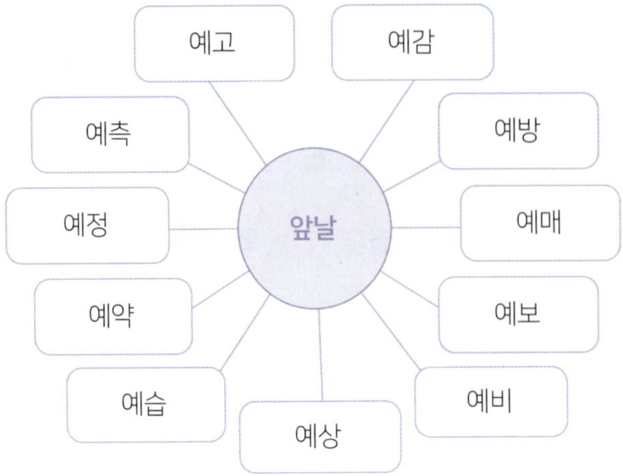

• 다음은 곧 출판할 책에 대한 인터넷 광고입니다. 보기 와 같이 빈칸을 채우십시오.

미래에는 어떤 일이 일어날까요? 미래를 보는 눈이 필요하지 않으십니까?

이 시대의 영웅은 어떤 모습일까요? 책과 함께 영화도 제작되었습니다. 클릭하시면"강한영웅3" ❶(   )을/를 보실 수 있습니다.

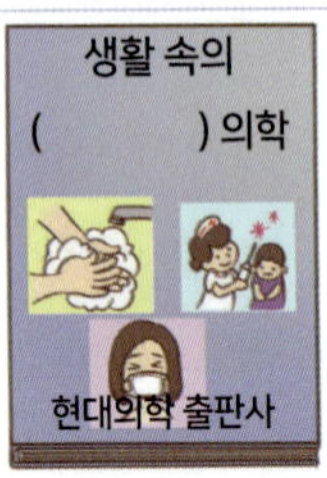

모든 병은 ❷(   )이/가 중요합니다. 어렵게만 생각했던 (   ) 의학을 누구나 쉽게 알 수 있도록 소개했습니다.

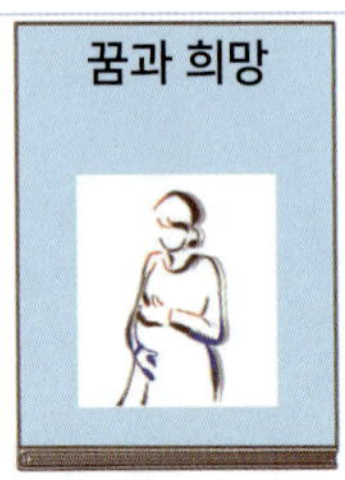

뱃속에 있는 아이에게 ❸(   ) 엄마가 주는 이야기 선물

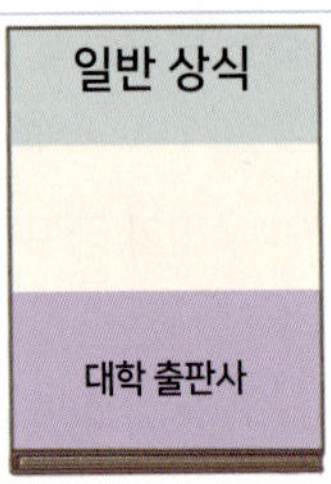

올해 취업 준비생을 위한 ❹(   ) 문제집

내일도 오늘과 똑같을 거라는 슬픈 ❺(   )에 우울한 그대를 위한 시집

• '앞날'과 관련된 단어를 이용하여 보기 와 같이 이야기하십시오.

보기

저는 회사에 갈 때 버스를 타고 갑니다. 제가 버스 정류장에 도착했을 때 제가 타야 하는 버스가 바로 오면 그날은 모든 일이 잘될 것 같은 **예감**이 들어요. 하루의 시작을 기분 좋게 했으니까요.

1 과연 -을까요/ㄹ까요?

- 광고지의 내용을 보니까 정말 그렇게 될까 의심이 됩니다. 보기 와 같이 이야기하십시오.

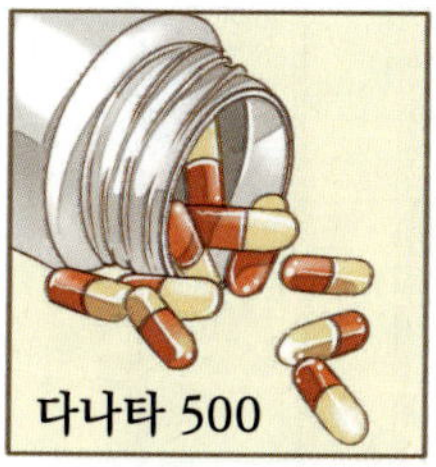

보기
이 약을 먹으면
암도
치료가 됩니다.

누구나 학원

①
우리 학원에서
3개월만 배우면
미국 사람처럼
영어를 할 수
있습니다.

②
이 샴푸로
머리를 감으면
머리카락이
하나도
안 빠집니다.

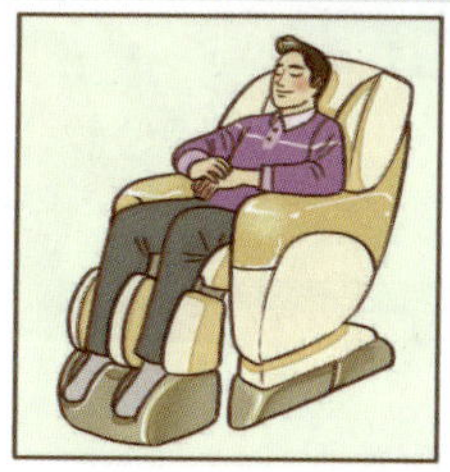
코자라 안마 의자

③
이 의자에
10분만
앉아 있으면
모든 피로가
풀립니다.

튼튼 센터

④
우리
스포츠 센터에서
한 달만
운동을 하면
모델처럼
멋있어집니다.

새로나 크림

⑤
이 화장품을
사용하면
아기 같은
피부가 됩니다.

보기

이 약을 먹으면 **과연** 암이 치료가 **될까요?**

2 -어/아/여 가면서

- 레오 씨가 식당을 새로 열었습니다. 여러분이 레오 씨가 되어서 같이 일할 사람들에게 도움이 될 말을 보기 와 같이 이야기하십시오.

레오의 조언

- 다 같이 도우면서 즐겁게 일합시다.
- 요리할 때는 손님들이 주문한 것을 전체적으로 살피세요.
- 주방이 깨끗하게 유지될 수 있도록 요리를 하는 중간 중간에 설거지를 하세요.
- 일을 할 때 새로운 메뉴에 대한 아이디어도 생각해 보세요.
- 주문을 받을 때 실수하지 않도록 메모를 하세요.
- 한국말이 아직 서투르니까 손님들에게 들은 말이 맞는지 확인을 하세요.

보기

직원 여러분, 처음이라서 모든 것이 힘들겠지만 다 같이 **도와 가면서** 즐겁게 일합시다.

연습해 봅시다

• 오늘은 우진 씨의 중학교 동창회가 있습니다. 다음을 보고 우진 씨의 생각을 보기 와 같이 이야기 하십시오.

	친구	마음에 안 드는 점	우진 씨의 생각	
보기	동창회장 민수	음식을 혼자 마음대로 시킨다.	친구들한테 음식을 더 시키는 것이 좋은지 물어야 하는데…….	다 먹을 수 있을까?
①	졸업 20주년 기념 여행 준비를 맡은 민영	자기 회사 건물에 있는 여행사에 맡기는 것으로 결정해 버렸다.	여러 여행사 사이트 에서 가격을 비교해야 하는데 …….	
②	늘 말이 많은 영주	오늘도 혼자 계속 이야기한다.	친구들의 이야기도 좀 들어야 하는데…….	

보기

동창회장 민수는 친구들한테 음식을 더 시키는 것이 좋은지 **물어 가면서** 시켜야 하는데 혼자 마음대로 시키네. **과연 우리가 다 먹을 수 있을까**?

복습

1 알맞은 단어를 골라서 (　　　) 안에 쓰십시오.

사항　앞날　예감　주위　고려하다　신중하다　펼쳐지다　한창

민수　대학교를 곧 졸업하는데 무슨 일을 해야 할지 잘 모르겠어요.

우진　대학교 4학년이면 ❶ (　　　　)에 대해 ❷ (　　　　) 고민을 할 때예요. 직업을 선택할 때는 자신의 적성을 가장 먼저 ❸ (　　　　　　)어야/아야/여야 해요.

민수　저는 제가 하고 싶은 일이 뭔지 아직 모르겠어요.

우진　가족이나 ❹ (　　　　) 사람들의 이야기를 좀 들어 보세요. 그리고 급하게 결정하지 말고 ❺ (　　　　)게 생각해 보세요.

민수　목표를 세우고 열심히 준비하면 과연 행복한 미래가 ❻ (　　　　　　　)을까요/ㄹ까요?

우진　그럼요. 목표를 세운 후에는 구체적으로 어떻게 준비해야 하는지, 준비할 때 주의해야 하는 ❼ (　　　　)은/는 무엇인지도 꼭 살펴보시고요.

민수　네, 이렇게 자세하게 말씀해 주셔서 감사해요. 곧 좋은 일이 생길 것 같은 ❽ (　　　　)이/가 들어요.

2 다음 문법을 사용하여 대화를 완성하십시오.

-는다며　-을 따름이다　-어 가면서　과연 -을까요?

율희　요즘 공기가 ❶ ＿＿＿＿＿＿ (좋지 않다) 마스크를 쓰고 다니는 사람이 늘었어요. 예전에는 공기 걱정은 안 했는데 요즘은 맑은 공기를 마시기가 어려워요.

영은　맞아요. 환경을 ❷ ＿＿＿＿＿＿ (생각하다) 개발을 해야 하는데 개발과 발전에만 신경을 써서 이런 결과가 생긴 것 같아요.

율희　앞으로 살아가야 하는 아이들을 위해서 우리가 더 나은 자연환경을 만들어 줄 수 있도록 노력해야겠어요.

영은　그렇지만 우리만 노력한다고 해서 ❸ ＿＿＿＿＿＿ (환경이 좋아지다)

율희　그래도 이렇게 아무것도 안 하고 그냥 있을 수는 없잖아요. 여러 나라가 함께 깨끗한 환경을 위해 노력을 해야지요.

영은　점점 환경 오염이 심해지는 것이 ❹ ＿＿＿＿＿＿ (걱정스럽다)

20과

한국의 명절

01 설날

대화 어휘 덕담, 마찬가지, 세뱃돈, 맞이하다, 쓸쓸하다, 간신히, 설마

확장 어휘 국가적, 문화적, 배경, 종교적, 풍습

문법 이야

-으라고

02 추석

대화 어휘 보름달, 조상, 커다랗다, 슬슬, 차례 상

확장 어휘 조그맣다, 번쩍번쩍, 볼록, 불룩, 소곤소곤, 수군수군, 쏙, 쑥, 졸졸, 줄줄, 콩콩, 쿵쿵, 퐁당, 풍덩

문법 -게[2]

-으랴 -으랴

MP3 / 39

1. 설날

- 여러분 나라 사람들은 옛날부터 새해 첫날에 무엇을 했습니까?
- 여러분은 올해 새해 첫날을 어떻게 보냈습니까?

리타오 다음 주가 설날인데 특별한 계획이 있어?

하늘 고향에 가는 기차표를 예매했는데 남은 표가 얼마 없어서 그 표도 간신히 샀어. 너는 한국에서 처음 맞이하는 설날인데 설마 혼자서 보내는 건 아니지?

리타오 내가 설날에 혼자 쓸쓸하게 있을까 봐 걱정했구나. 나야 고향에 못 가는 친구들과 같이 새해를 맞이하면 되지. 그런데 너는 설날에 고향에 가면 뭘 해?

하늘 가족들과 같이 떡국을 먹어. 웃어른들께 세배를 하면 웃어른들은 세배를 받으신 후에 새해 복 많이 받으라고 덕담도 해 주시고 세뱃돈도 주셔.

리타오 우리는 떡국은 먹지 않지만 한국과 마찬가지로 웃어른들께 세배를 한 후에 덕담도 듣고 세뱃돈도 받아. 너하고 이야기를 하다 보니 고향의 설날이 갑자기 그리워진다. 생각난 김에 부모님께 전화를 드려야겠어.

간신히 맞이하다 설마 쓸쓸하다 덕담 세뱃돈 마찬가지

어휘

명절 — 축제 — 행사 — **풍습**

풍습 — 배경

배경 — 문화적 / 종교적 / 국가적

● 보기 와 같이 빈칸을 채우십시오.

모든 나라에는 해마다 비슷한 때에 특별한 의미를 가지고 기념하는 날이 있습니다. 이런 날들은 여러 가지 보기 (배경을) ~~을~~/를 가지고 있습니다.

한국인들은 전통적으로 가족이 중심이 되어 농사를 지으면서 살아 왔습니다. 가족은 한국인들에게 가장 중요한 가치이고, 한국의 전통 문화는 농사를 빼놓고는 설명할 수 없습니다. 설날이나 추석 같은 한국의 명절에는 이러한 ① (　　　　) 배경이 잘 나타나 있습니다.

어떤 나라에는 축제가 있습니다. 축제는 신에게 감사하기 위한 제사에서 시작된 것이기 때문에 ② (　　　　) 배경이 강하다고 할 수 있습니다. 명절이나 축제처럼 그 문화의 사람들에게 옛날부터 습관처럼 계속되어 온 것을 ③ (　　　　)이라고/라고 합니다.

그리고 나라마다 국경일이 있습니다. 국경일은 나라를 세운 날이나 전쟁에서 이긴 날 등, 나라에 있었던 역사적인 날을 축하하기 위해 법으로 정해서 모든 국민이 기념하는 날입니다. 그렇기 때문에 국경일은 ④ (　　　　) 배경이 강한 기념일이라고 할 수 있습니다.

● 여러분 나라의 설날 풍습에 대해 보기 와 같이 이야기하십시오.

보기

음력 설날인 '뗏'은 베트남의 가장 큰 **명절**이에요. '뗏'에는 '반쯩'이라는 떡을 먹고 친척이나 이웃들을 찾아가서 덕담을 하고 빨간 봉투에 넣은 세뱃돈을 주고받는 **풍습**이 있어요. 베트남의 문화도 농사를 중심으로 이루어졌기 때문에 명절의 **문화적 배경**이 한국과 비슷한 것 같아요.

1 이야/야

- 윤아 씨 동생 한아가 외국으로 유학을 가게 되어 어머니가 걱정을 많이 하십니다. 한아는 어머니를 안심시켜 드리려고 합니다. 보기 와 같이 이야기하십시오.

보기 밥을 직접 해 먹을 수 있겠어?

① 밀리지 않고 빨래할 수 있겠어?

② 친구도 한 명 없는데 외롭지 않겠어?

③ 1년 동안 지낼 텐데 옷을 이렇게 조금만 가져가도 돼?

④ 영어도 서투른데 괜찮겠어?

⑤ 환전은 다 했어?

보기

엄마 밥을 직접 해 먹을 수 있겠어?

한아 **밥이야** 사 먹으면 돼요. 너무 걱정하지 마세요.

2 -으라고/라고

• 우진 씨와 노라 씨가 그동안 다른 사람들과 주고받은 선물에 대해 이야기합니다. 보기 와 같이 이야기하십시오.

보기 우진 → 동생
대학교 입학 시험

① 우진 → 대학교 친구
친구 결혼

② 우진 → 어머니
올해 어버이날

③ 아버지 → 우진
고등학교 졸업

④ 에릭 → 우진
이번 생일

⑤ 유키 → 우진
지난 크리스마스

보기

노라 우진 씨, 올해 대학교 입학시험을 보러 가는 동생에게 뭘 선물했어요?

우진 시험에 **붙으라고** 찹쌀떡을 사 줬어요.

연습해 봅시다

• 여러 사람의 생일 선물을 고민하는 하늘 씨에게 보기 와 같이 좋은 선물을 제안하십시오.

	받는 사람	나의 제안	제안한 의도	제안한 이유
보기	여자 친구	향수	"쓸 때마다 나를 생각해."	날마다 사용할 수 있다.
1	아버지	등산화	"산에 갈 때 신으세요."	계절에 관계없이 신을 수 있다.
2	할머니	인삼		

보기

하늘 여자 친구 생일에 무슨 선물을 주면 좋을까요?

나 쓸 때마다 하늘 씨를 **생각하라고** 향수를 주는 게 어때요? **향수야** 날마다 사용할 수 있잖아요.

2. 추석

- 여러분 나라에서 가장 큰 명절이나 축제는 언제입니까? 그때 사람들은 무엇을 합니까?
- 여러분 나라의 명절이나 축제에는 어떤 의미가 있습니까?

우진 추석 연휴에 문을 닫는 식당이 많아서 연휴 동안 좀 드셔 보시라고 저희 집에서 만든 추석 음식들을 가지고 왔어요.

에릭 고마워요. 잘 먹을게요. 추석에 한국 사람들은 정말 여러 가지 음식을 준비하는군요.

우진 추석은 조상들께 1년 농사가 잘 되게 도와주셔서 감사하다는 인사를 드리는 날이라서 그 해 새로 나온 쌀과 과일들로 차례 상을 차려요.

에릭 우진 씨도 추석 때 보통 가족들과 같이 음식을 만들어요?

우진 그럼요. 연휴 전날부터 장 보랴 음식 하랴 바빠요. 음식 준비하는 게 손이 많이 가는 일이라서 가족들이 다 같이 모여서 명절 음식을 준비해요.

에릭 그렇군요. 추석에 한국 사람들은 커다란 보름달을 보면서 소원을 빌던데 그것도 좋은 풍습인 것 같아요. 이제 슬슬 보름달을 보러 나가 볼까요?

조상　차례 상　커다랗다　보름달　슬슬

모양: 반짝반짝 / 번쩍번쩍, 볼록 / 불룩, 쏙 / 쑥, 조그맣다 / 커다랗다

소리: 소곤소곤 / 수군수군, 졸졸 / 줄줄, 콩콩 / 쿵쿵, 퐁당 / 풍덩

• 보기 와 같이 빈칸을 채우십시오.

별이 보기 (반짝반짝)빛나는 밤에 ❶ (   )는/은/ㄴ 개구리 한 마리가 ❷ (   ) 흘러가는 시냇물 소리를 들으면서 잠이 들었어요.

다음날 아침, 개구리는 시냇물에 ❸ (   ) 들어가서 신나게 수영을 했어요.

수영을 하고 배가 고파서 개구리는 맛있게 점심을 먹었어요. 점심을 많이 먹으니까 개구리의 배가 ❹ (   ) 나왔어요.

번개가 ❺ (   ) 치는 밤에 ❻ (   )는/은/ㄴ 곰 한 마리가 ❼ (   ) 흐르는 빗물 소리를 들으면서 잠이 들었어요.

다음날 아침, 곰은 호수에 ❽ (   ) 들어가서 신나게 수영을 했어요.

수영을 하고 배가 고파서 곰은 맛있게 점심을 먹었어요. 점심을 많이 먹으니까 곰의 배가 ❾ (   ) 나왔어요.

• 위에서 배운 단어를 사용하여 여러분이 경험한 일을 보기 와 같이 이야기하십시오.

보기

지난주에 제가 정말 좋아하는 가수의 콘서트에 갔어요. 공연을 기다리는 동안 심장이 **쿵쿵** 뛰었어요. 가수가 무대에 나타나니까 공연 전까지 여기저기에서 **수군수군**하던 소리가 모두 사라졌어요. 관객들은 **반짝반짝** 빛나는 휴대 전화 불빛을 흔들면서 가수의 무대를 즐겼어요. 저는 너무 행복해서 콘서트를 보는 내내 눈물을 **줄줄** 흘렸어요.

1 -게[2]

- 윤아 씨 가족들의 대화입니다. 보기 와 같이 이야기하십시오.

보기

뉴스 좀 **듣게** 말소리 좀 줄여 줄래?

2 -으랴/랴 -으랴/랴

- 한국 유학을 끝내고 귀국한 리에 씨가 유학을 하면서 보낸 시간들을 떠올리고 있습니다. 보기 와 같이 이야기하십시오.

	때	상태	힘들었던 일들	
보기	처음 유학 왔을 때	정신이 없었다.	한국 생활에 적응하기	한국어 배우기
1	대학 진학을 준비할 때	스트레스가 많았다.	한국어 능력 시험 공부하기	입학 서류 준비하기
2	대학교에 처음 입학했을 때	힘들었다.	강의 내용 이해하기	한국어로 발표 준비하기
3	방학 때	바빴다.	아르바이트하기	여행 다니기
4	대학교 마지막 학기	학기 내내 잠이 부족했다.	논문 자료 수집하기	논문 쓰기
5	귀국을 준비할 때	눈코 뜰 새 없었다.	한국 생활 정리하기	

보기

처음 유학 왔을 때는 한국 생활에 **적응하랴** 한국어 **배우랴** 정신이 없었어요.

연습해 봅시다

• 이사 때문에 예지 씨가 힘들어합니다. 보기 와 같이 이야기하십시오.

	때	예지 씨가 힘들어하는 점		어머니의 제안과 이유
보기	이사 전	머리가 아프다.		이사가 너무 힘들어지지 않아야 하니까 필요한 짐부터 먼저 챙겨.
		가져갈 짐 챙기기	버릴 물건들 고르기	
1	이삿날	정신이 없다.		짐 정리 때문에 너무 스트레스를 받지 않도록 바로 쓰지 않는 짐들은 나중에 정리해.
		짐 풀기	짐 정리하기	
2	이사 후	바빠서 집을 정리할 시간이 없다.		
		학교 다니기		

보기

예지 가져갈 짐 **챙기랴** 버릴 물건들 **고르랴** 머리가 아파요.

어머니 이사가 너무 **힘들어지지 않게** 필요한 짐부터 먼저 챙겨.

복습

1 알맞은 단어를 골라서 (　　) 안에 쓰십시오.

덕담　　마찬가지　　보름달　　조상　　풍습　　맞이하다　　커다랗다　　슬슬

우진 남산에 오니까 사람이 정말 많네요! 추석 날 밤에 ❶ (　　　　　)을/를 보러 남산에 온 것은 처음이에요. 오늘 보름달은 특히 더 밝고 ❷ (　　　　　)게 느껴져요.

에릭 정말 그래요. 우진 씨는 추석에 어디에서 달을 보면서 소원을 빌었어요?

우진 보름달을 ❸ (　　　　　)으러/러 특별히 어딘가에 가지는 않았어요. 미국에도 보름달을 보면서 소원을 비는 ❹ (　　　　　)이/가 있나요?

에릭 아니요, 하지만 한국과 ❺ (　　　　　)으로/로 1년 농사가 잘 된 것을 기뻐하면서 감사하는 날이 있어요. 한국 사람들은 추석에 ❻ (　　　　　)에게 감사하지만 미국은 신에게 감사한다는 것이 다른 점이에요. 하지만 미국도 그 날은 멀리 떨어져 살던 가족들이 모두 모여서 특별한 음식을 먹고 즐거운 시간을 보내요.

우진 그럼 오랜만에 만난 가족들과 ❼ (　　　　　)도 주고받아요?

에릭 좀 다르지만 1년 동안 있었던 일들 중에서 신에게 감사하고 싶은 것을 카드에 적고 그 카드를 읽으면서 이야기를 나눠요. 이렇게 이야기를 하다 보니 가족들이 그리워지네요. 연말에 고향으로 가는 비행기 표를 ❽ (　　　　　) 알아봐야겠어요.

2 다음 문법을 사용하여 대화를 완성하십시오.

-으라고　　이야　　-게　　-으랴 -으랴

올리비아 흐엉 씨, 한국어 능력 시험 공부를 하고 있다고 들었는데 공부는 잘 되고 있어요?

흐엉 요즘 어학당 기말시험 기간이라서 ❶ ______________ (기말시험을 준비하다, 아르바이트를 하다) 바빠서 한국어 능력 시험을 준비하기가 힘들어요.

올리비아 그래도 ❷ ______________ (흐엉 씨) 무슨 일이든지 최선을 다해서 열심히 하니까 좋은 결과가 있을 거예요.

흐엉 고마워요. 계속 열심히 해야지요.

올리비아 존 씨한테 들었는데 내일이 흐엉 씨 생일이라면서요? 생일 축하해요. 흐엉 씨가 일하면서 공부하느라고 많이 힘들 것 같아서 ❸ ______________ (힘내다) 영양제를 샀어요. 체력이 ❹ ______________ (떨어지지 않다) 식사도 잘 챙겨 먹고 이 영양제도 꼭 드세요.

흐엉 정말 고맙습니다. 올리비아 씨 덕분에 힘이 나요. 좋은 결과를 얻을 수 있도록 열심히 준비할게요.

부록

문법 설명
연습문제
모범 답안(교재)
연습문제 답안
색인

문법 설명

11과 현대인과 도시 생활

〈1〉 효율적인 시간 관리

1. -는다든가/ㄴ다든가/다든가 -는다든가/ㄴ다든가/다든가

• 의미와 용법

동사나 형용사에 붙어 여러 개 예를 들어 말하고 그것들 중에 어느 것이나 가리지 않고 선택하거나 어느 상황이나 관계없음을 나타낸다.

• 활용

동사의 어간이 'ㄹ' 이외의 자음으로 끝나면 '-는다든가', 모음이나 'ㄹ'로 끝나면 '-ㄴ다든가', 형용사 어간 뒤에는 '-다든가'를 쓴다.

앞에 오는 어간	결합 형태	예
자음(동사)	-는다든가	읽는다든가, 입는다든가, 믿는다든가
모음, ㄹ(동사)	-ㄴ다든가	간다든가, 좋아한다든가, 안다든가
형용사	-다든가	많다든가, 크다든가, 중요하다든가

• 예문

주말에는 책을 읽는다든가 음악을 듣는다든가 하면서 시간을 보낸다.

찜질방에 가서 땀을 흘린다든가 잠을 푹 잔다든가 하면 스트레스가 풀린다.

이유 없이 피곤하다든가 기운이 없다든가 하면 병원에 가 봐야 한다.

잠을 자기 전에 커피를 마셨다든가 심한 운동을 했다든가 하면 잠을 자기가 힘들다.

가: 집에 혼자 있을 때는 뭘 먹어요?
나: 라면을 먹는다든가 편의점에서 도시락을 사다가 먹는다든가 해요.

가: 구름이 잔뜩 꼈는데 내일 야외 행사를 할 때는 날씨가 괜찮을까?
나: 오전에 비가 온다든가 바람이 분다든가 하면 계획을 바꾸자.

2. -는다니까/ㄴ다니까/다니까

• 의미와 용법

동사나 형용사에 붙어 자신의 말이나 다른 사람의 말을 이유나 근거로 삼아서 인용함을 나타낸다.

• 활용

동사의 어간이 'ㄹ' 이외의 자음으로 끝나면 '-는다니까', 모음이나 'ㄹ'로 끝나면 '-ㄴ다니까', 형용사 어간 뒤에는 '-다니까'를 쓴다. '명사+이다'의 '이다'는 명사가 자음으로 끝나면 '이라니까', 명사가 모음으로 끝나면 '라니까'로 쓰인다.

앞에 오는 어간	결합 형태	예
자음(동사)	-는다니까	읽는다니까, 입는다니까, 믿는다니까
모음, ㄹ(동사)	-ㄴ다니까	간다니까, 좋아한다니까, 안다니까
형용사	-다니까	많다니까, 크다니까, 중요하다니까
명사+이다(자음)	이라니까	학생이라니까, 일요일이라니까
명사+이다(모음)	라니까	부자라니까, 관광지라니까

• 예문

지금 가면 길이 막힌다니까 조금 후에 출발합시다.

민수 씨가 몸이 안 좋다니까 전화라도 해야겠다.

다음 주 목요일이 동창회라니까 그날 친구들을 모두 만날 수 있겠다.

원준 씨가 독일에서 오래 공부했다니까 독일어 통역을 부탁해야겠다.

가: 오늘 회사 앞 식당에서 회식을 할까요?
나: 회사 앞에 있는 식당은 기다리고 있는 손님이 항상 많다니까 다른 곳으로 갑시다.

가: 보고서는 언제까지 내야 합니까?
나: 다음 주 금요일까지 내도 된다니까 여유 있게 하세요.

• 참고

'-는다고 하니까'의 준말이다. 이미 완료된 사실을 말할 때에는 '-었다니까'를 쓴다.

〈2〉 도심 속 자연

1. -더니[2]

• 의미와 용법

동사에 붙어 과거에 보거나 들은 사실 이후의 결과에 대해 질문하거나 그러한 사실이 이유와 원인이 되어 어떠한 결과를 낳았음을 나타낸다.

• 예문

발표 준비를 열심히 하더니 발표를 잘했어요?
날마다 꾸준히 운동을 하더니 건강이 좋아졌어요?
김 부장님이 과로를 하시더니 결국 병원에 입원하셨다.
웨이 씨가 한국 친구와 자주 만나더니 한국어 실력이 좋아졌다.

가: 약속 시간에 늦어서 뛰어가더니 친구는 잘 만났어요?
나: 네, 제가 조금 늦었는데 친구가 기다려 줘서 잘 만났어요.

가: 영준 씨가 프로게이머가 되었다면서요?
나: 네, 어릴 때부터 게임을 열심히 하더니 게임을 직업으로 하게 됐어요.

2. -었다/았다/였다 하면

• 의미와 용법

동사에 붙어 앞의 상황이 일어나거나 어떤 행동을 하면 반드시 뒤의 행동을 하게 됨을 나타낸다.

• 예문

수철 씨는 입만 열었다 하면 거짓말을 한다.
동생은 책만 폈다 하면 잠을 잔다.
에릭 씨는 동생을 만났다 하면 같이 밤을 새워 게임을 한다.
예지 씨는 노래방에 갔다 하면 마이크를 손에서 놓지 않는다.

가: 흐엉 씨가, 아직도 전화를 하고 있어요?
나: 네, 흐엉 씨는 전화를 했다 하면 1시간 이상 하잖아요.

가: 저희 부모님은 항상 정치 이야기를 하세요.
나: 다른 어른들도 모이셨다 하면 정치 이야기를 하시더라고요.

12과 문화의 이해

⟨1⟩ 예절과 언어 표현

1. -는다고/ㄴ다고 다고 해도

• 의미와 용법

동사나 형용사에 붙여 앞의 내용에 구애를 받지 않고 뒤의 내용을 주장할 때 쓰거나 들은 이야기에 대해 '그래도, 그렇다고 해도'의 의미를 나타낼 때 쓴다.

• 활용

동사의 어간이 'ㄹ' 이외의 자음으로 끝나면 '-는다고 해도', 모음이나 'ㄹ'로 끝나면 '-ㄴ다고 해도', 형용사의 어간 뒤에는 '-다고 해도'를 쓴다. '명사+이다'의 '이다'는 명사가 자음으로 끝나면 '이라고 해도', 명사가 모음으로 끝나면 '라고 해도'로 쓰인다.

앞에 오는 어간	결합 형태	예
자음(동사)	-는다고 해도	읽는다고 해도, 입는다고 해도, 믿는다고 해도
모음, ㄹ(동사)	-ㄴ다고 해도	안다고 해도, 간다고 해도, 좋아한다고 해도
형용사	-다고 해도	많다고 해도, 크다고 해도, 중요하다고 해도
명사+이다(자음)	이라고 해도	학생이라고 해도, 일요일이라고 해도
명사+이다(모음)	라고 해도	부자라고 해도, 관광지라고 해도

• 예문

아무리 달콤한 음식을 좋아한다고 해도 너무 많이 먹는 것은 건강에 좋지 않다.
한국말이 어렵다고 해도 포기하지 말고 끝까지 공부해야 한다.
아무리 가까운 사이라고 해도 예의를 지켜야 한다.
건강을 타고났다고 해도 계속 관리하지 않으면 건강이 나빠진다.

가: 약이 너무 써서 못 먹겠어요.
나: 약이 아무리 쓰다고 해도 병이 나으려면 약을 먹어야지요.

가: 아무리 찾아도 길에 쓰레기통이 없는데 이 쓰레기를 그냥 아무 데나 버리면 안 될까?
나: 쓰레기통이 없다고 해도 쓰레기를 아무 데나 버리면 안 돼.

• 참고

이미 끝난 사실을 말할 때에는 '-었다고 해도'를 쓴다.

2. -을/ㄹ 걸 그랬다

• 의미와 용법

동사에 붙여 말하는 사람이 자신이 하지 않았거나 하지 못한 일에 대한 후회나 아쉬움을 나타낼 때 쓴다. 또한 이미 한 일에 대해 후회할 때도 쓰는데 이때는 '-지 말걸 그랬다'로 쓴다.

• 예문

시험을 좀 더 일찍부터 준비할 걸 그랬다.
세일을 할 줄 알았으면 기다렸다가 살 걸 그랬다.
영화가 그렇게 재미없을 줄 알았으면 보지 말 걸 그랬다.
밤이 늦었는데 잠이 안 온다. 저녁에 커피를 마시지 말 걸 그랬다.

가: 어제 네가 집에 간 후에 레오 씨가 너를 만나러 왔어.
나: 정말? 레오 씨가 올 줄 알았으면 조금 더 기다릴 걸 그랬어.

가: 아니, 얼굴이 왜 이렇게 부었어요?
나: 어제 라면을 먹고 잤거든요. 밤에 라면을 먹지 말 걸 그랬어요.

〈2〉 문화 차이

1. 치고

• 의미와 용법

명사에 붙어 앞 명사에 대해 보통 가지고 있는 생각과 뒤의 내용이 좀 다름을 나타낸다. 즉 뒤의 내용이 앞의 명사의 경우에 예외적인 것임을 의미한다.

• 예문

진우 씨는 모델치고 키가 작은 편이다.

오늘은 겨울치고는 별로 춥지 않다.

요즘은 장마철치고 비가 별로 많이 오지 않는다.

헬렌 씨는 6개월 배운 것치고 한국어 실력이 꽤 좋다.

가: 저 연주자는 나이가 어린 것치고 연주를 정말 잘하는데요.
나: 그렇지요? 열 살짜리 아이의 연주라는 게 믿어지지 않아요.

가: 비행기를 오랫동안 타고 오느라고 피곤하셨지요?
나: 비행기를 오래 탄 것치고 별로 피곤하지 않아요. 걱정해 줘서 고마워요.

2. -는/은/ㄴ 것처럼

• 의미와 용법

동사나 형용사에 붙어 뒤에 나오는 감정이나 상태를 비유적으로 나타낸다. 사실 그렇게 하고 있는 것은 아니지만 그렇게 하는 것 같다는 뜻이다. '마치'와 호응해서 자주 쓰인다.

• 활용

동사의 현재 진행 상황이나 '있다', '없다'의 어간 뒤에는 '-는 것처럼', 'ㄹ' 이외의 자음으로 끝나는 형용사 어간 뒤에는 '-은 것처럼', 모음이나 'ㄹ'로 끝나는 형용사 어간, '명사+이다' 뒤에는 '-ㄴ 것처럼'을 쓴다.

앞에 오는 어간	결합 형태	예
동사, 있다, 없다	-는 것처럼	자는 것처럼, 아는 것처럼, 있는 것처럼
자음(형용사)	-은 것처럼	많은 것처럼, 괜찮은 것처럼, 싫은 것처럼
ㄹ, 모음(형용사) 명사+이다	-ㄴ 것처럼	행복한 것처럼, 힘든 것처럼, 주인공인 것처럼, 부자인 것처럼

• 예문

어릴 때부터 가고 싶었던 한국에 오니까 마치 꿈을 꾸는 것처럼 행복하다.

영주가 길에서 넘어진 후에 아무렇지 않은 것처럼 무릎을 털고 일어났다.

이 신발을 신으면 마치 아무 것도 신지 않은 것처럼 발이 편하다.

대회에서 내 차례가 다가오니까 마치 심장이 터질 것처럼 긴장이 됐다.

가: 이번 여름은 특히 더운 것 같아요.
나: 네, 마치 찜질방 안에 있는 것처럼 너무 덥고 습하네요.

가: 소개팅을 잘 했어? 그 사람을 실제로 만나 보니까 어때?
나: 처음 만난 사람인데도 오랫동안 알고 지낸 것처럼 편했어.

• 참고

동사의 경우 비유하는 표현이 완료된 상황일 때는 '-은/ㄴ 것처럼', 아직 일어나지 않은 상황일 때는 '-을/ㄹ 것처럼'을 쓴다.

13과 여행과 발견

〈1〉 여행과 날씨

1. -는 김에

• 의미와 용법

동사에 붙여 목적을 가지고 의도적으로 어떤 행동을 하거나 이미 한 상황에 덧붙여 계획하지 않았던 다른 일이나 행동을 함께 할 때 쓴다.

• 예문

내 옷을 사는 김에 동생 옷도 샀다.

방을 청소하는 김에 거실도 청소했다.

내 도시락을 싸는 김에 친구 도시락도 쌌다.

일 때문에 포항에 간 김에 친구도 만나고 왔다.

가: 베란다에 물이 새서 수리를 해야겠어요.
나: 그럼 베란다를 수리하는 김에 거실 창문도 교체합시다.

가: 학교 앞에 새로 생긴 식당에 가 봤어?
나: 아니, 안 가 봤는데 말이 나온 김에 점심은 거기에서 먹을까?

• 참고

현재 상황일 때는 '-는 김에', 완료된 상황일 때 동사의 어간이 자음으로 끝나면 '-은 김에', 모음으로 끝나면 '-ㄴ 김에'를 쓴다.

2. 만 해도

• 의미와 용법

명사에 붙어 '다른 여러 경우는 생각하지 않고 단지 이 경우로 제한해서 말해도'의 뜻을 나타낸다. 현재의 상황이 과거의 상황과 아주 달라졌을 때나 일반적인 진술을 한 후 범위를 제한하여 예를 들 때 쓴다.

• 예문

며칠 전만 해도 두 사람 사이에 아무 문제도 없었다.

나는 한국에 처음 왔을 때만 해도 한국말은 인사말밖에 하지 못했다.

영수는 책을 정말 많이 읽는다. 이번 달만 해도 책을 10권이나 읽었다고 한다.

이번 연휴에 고향에 가는 학생들이 많다. 우리 반만 해도 8명이나 고향에 간다.

가: 이제 아침 공기가 선선해졌어요.
나: 네, 얼마 전까지만 해도 하루 종일 에어컨을 켜 놓고 지냈는데요.

가: 요즘 비가 안 와서 그런지 채소 값이 많이 올랐어요.
나: 그러게요. 오이 값만 해도 일주일 전보다 천 원이 올랐어요.

〈2〉 혼자 떠나는 여행

1. -다가는

• 의미와 용법

동사에 붙어 앞의 동작이 계속되면 원하지 않는 결과가 오게 됨을 나타낸다. 부사 '이렇게', '그렇게', '저렇게'와 같이 쓰면 자연스럽다.

• 예문

윤아 씨가 계속 굶고 있는데 저렇게 굶다가는 쓰러질 것 같다.

현아가 지금처럼 시간을 낭비하다가는 원하는 대학에 입학하지 못할 것 같다.

아버지께서 저렇게 날마다 짠 음식을 드시다가는 건강이 안 좋아질 텐데 걱정이다.

요즘처럼 이렇게 에어컨을 하루 종일 쓰다가는 전기 요금이 엄청 많이 나올 것 같다.

가: 오늘이 금요일이라서 그런지 일에 집중이 잘 안 돼.
나: 빨리 해. 그렇게 일을 천천히 하다가는 제시간에 퇴근하지 못할 거야.

가: 답답해서 문을 좀 열어 놓고 자야겠어요.
나: 요즘 같이 쌀쌀한 날씨에 문을 열어 놓고 자다가는 감기에 걸릴 수도 있어요.

2. -게 마련이다

• 의미와 용법

동사나 형용사에 붙여 결과적으로 그러한 일이 생기는 것이 당연할 때 쓴다. '-기 마련이다'로 바꿔 쓸 수 있다.

• 예문

좋아하는 음식도 날마다 먹으면 싫증이 나게 마련이다.

무슨 일이든지 오랫동안 하면 익숙해지게 마련이다.

가끔은 혼자 있고 싶어질 때가 있게 마련이다.

공부와 일을 같이 하면 힘들게 마련이다.

가: 취직 시험에서 계속 떨어지니까 정말 힘들어요.
나: 누구에게나 한 번쯤은 기회가 오게 마련이에요. 그 기회를 잡을 수 있도록 실력을 쌓으면서 계속 도전해 보세요.

가: 집이 깨끗하고 커서 좋기는 한데 조금 추워요.
나: 좋은 점이 있으면 나쁜 점도 있게 마련이지요.

14과 대중문화

〈1〉 방송과 영상

1. -는다고요/ㄴ다고요/다고요

• 의미와 용법

동사나 형용사에 붙여 말하는 사람이 앞에서 들은 내용을 다시 확인하기 위해 질문하거나 상대방에게 자신이 앞에서 말한 내용을 확인시키기 위해 반복할 때 쓴다.

• 활용

동사의 어간이 'ㄹ'이외의 자음으로 끝나면 '-는다고요', 모음이나 'ㄹ'로 끝나면 '-ㄴ다고요', 형용사 어간 뒤에는 '-다고요'를 쓴다. '명사+이다'의 '이다'는 명사가 자음으로 끝나면 '이라고요', 명사가 모음으로 끝나면 '라고요'로 쓰인다.

앞에 오는 어간	결합 형태	예
자음(동사)	-는다고요	읽는다고요, 입는다고요, 믿는다고요
모음, ㄹ(동사)	-ㄴ다고요	간다고요, 좋아한다고요, 안다고요
형용사	-다고요	많다고요, 크다고요, 중요하다고요
명사+이다(자음)	이라고요	학생이라고요, 일요일이라고요
명사+이다(모음)	라고요	부자라고요, 관광지라고요

• 예문

이번 주가 아니라 다음 주부터 축제가 시작된다고요.

이 바지에는 하얀색 티셔츠를 입어야 예쁘다고요.

지난 주말에 도서관 앞에서 영수 씨를 봤다고요?

11월밖에 안 됐는데 설날 기차표를 벌써 예매하러 가자고요?

가: 저 다음 주에 고향에 돌아가요.
나: 네? 언제 간다고요?

가: 다음 주에 고향에 돌아간다고요.

가: 저 시험에 합격했어요.
나: 뭐라고? 네가 시험에 합격했다고?

• 참고

질문한 내용을 다시 확인하여 말할 때는 '-냐고요'를, 무언가 하라고 말한 사실을 확인하여 말할 때는 '-으라고요'를, 무언가 같이 하자고 말한 사실을 확인하여 말할 때는 '-자고요'를 쓴다.

2. -었더라면/았더라면/였더라면

• 의미와 용법

동사나 형용사에 붙여 과거의 사실이나 상황과 반대로 가정해서 뒤에 어떠한 결과가 나타났을 거라고 예상할 때 쓴다.

• 예문

우산을 가져갔더라면 비를 맞지 않았을 것이다.

일찍 출발하지 않았더라면 제시간에 도착하지 못했을 거다.

키가 조금만 더 컸더라면 모델에 도전해 볼 수 있었을 텐데.

친구가 도와주지 않았더라면 아르바이트를 구하지 못했을 것이다.

가: 친구 간에 싸움이 있었다면서요?
나: 네, 조금만 더 서로를 배려했더라면 그렇게 싸우지 않았을 거예요.

가: 제주 호텔에 숙박비 할인 행사가 있다고 하던데 예약했어요?
나: 저녁에 예약을 하려고 했는데 할인 행사가 끝나 버렸어요. 오전에 예약을 했더라면 호텔에 싸게 이용할 수 있었을 텐데요.

〈2〉 1인 방송

1. 에 관한

• 의미와 용법

명사에 붙여 그것과 관계있는 내용이나 사물 혹은 관련된 행위를 명사로 제한하여 나타낼 때 쓴다. 앞의 명사는 뒤 명사의 내용을 한정한다.

• 예문

나는 이번 시험에 관한 정보가 전혀 없다.

제임스 씨는 대학원에서 한국의 전통 문화에 관한 연구를 하고 있다.

오늘 발생한 화재 사고에 관한 뉴스가 텔레비전에서 나오고 있다.

사라지고 있는 동물에 관한 다큐멘터리가 제작되고 있다.

가: 무슨 글을 읽고 있어요?
나: 세계 여러 나라의 교육에 관한 글인데 흥미로운 내용이 많아요.

가: 인터넷으로 뭘 검색하고 있어요?
나: 외국인 유학생의 대학 생활에 관한 자료를 찾고 있어요.

2. -는다면야/ㄴ다면야/다면야

• 의미와 용법

동사나 형용사에 붙여 어떤 상황을 가정해 그 조건이 이루어진다고 가정했을 때만 이후의 행동을 하거나 어떤 상황이 됨을 나타낼 때 쓴다.

• 활용

동사의 어간이 'ㄹ'이외의 자음으로 끝나면 '-는다면야', 모음이나 'ㄹ'로 끝나면 '-ㄴ다면야', 형용사 어간 뒤에는 '-다면야'를 쓴다. '명사+이다'의 '이다'는 명사가 자음으로 끝나면 '이라면야', 명사가 모음으로 끝나면 '라면야'로 쓰인다.

앞에 오는 어간	결합 형태	예
자음(동사)	-는다면야	읽는다면야, 입는다면야, 믿는다면야
모음, ㄹ(동사)	-ㄴ다면야	간다면야, 좋아한다면야, 만든다면야
형용사	-다면야	많다면야, 크다면야, 필요하다면야
명사+이다(자음)	이라면야	학생이라면야, 일요일이라면야
명사+이다(모음)	라면야	부자라면야, 관광지라면야

• 예문

지금이라도 사실대로 말한다면야 무슨 일이든 다 용서해 줄 수 있어요.

생활비만 충분하다면야 사고 싶은 것을 다 살 수 있을 텐데.

어머니의 병을 고칠 수 있다면야 무슨 일이든지 다 할 것이다.

실력이 좀 부족해도 성실하기만 하다면야 이 일을 할 수 있지요.

가: 영수 씨는 가족들을 위해서 정말 열심히 일하시네요.
나: 가족들이 행복하다고 느낀다면야 어떤 일도 할 수 있어요.

가: 제가 나이가 많은데 외국어 공부를 할 수 있을까요?
나: 그럼요. 공부할 마음만 있다면야 누구든지 할 수 있지요.

• 참고

이미 끝난 사실을 말할 때에는 '-었다면야'를 쓴다.

15과 여가 생활

〈1〉 남산 둘레길

1. -는가/은가/ㄴ가 하면

• 의미와 용법

동사와 '있다', ' 없다'의 어간 뒤에는 '-는가 하면', 'ㄹ' 이외 자음으로 끝나는 형용사 어간 뒤에는 '-은가 하면', 모음이나 'ㄹ'로 끝나는 형용사 어간 뒤에는 '-ㄴ가 하면'을 쓴다.

• 활용

동사와 '있다', ' 없다'의 어간 뒤에는 '-는가 하면', 모음이나 'ㄹ'로 끝나는 형용사 어간에는 '-ㄴ가 하면', 그 외 자음으로 끝나는 형용사 어간에는 '-은가 하면'을 쓴다.

앞에 오는 어간	결합 형태	예
동사, 있다, 없다	-는가 하면	가는가 하면, 생기는가 하면, 있는가 하면
자음(형용사)	-은가 하면	많은가 하면, 작은가 하면, 좁은가 하면
모음, ㄹ(형용사)	-ㄴ가 하면	부족한가 하면, 필요한가 하면, 긴가 하면

• 예문

출근할 때 어떤 날은 대중교통을 이용하는가 하면 어떤 날은 자가용을 이용한다.

이 세상에는 착한 사람이 있는가 하면 나쁜 사람도 있다.

어떤 부부는 나이 차이가 적은가 하면 어떤 부부는 나이 차이가 많다.

어떤 사무실은 분위기가 밝은가 하면 어떤 사무실은 분위기가 조용하다.

가: 외국어를 공부할 때 어려운 점은 무엇일까요?
나: 사람마다 달라요. 발음이 어렵다고 하는 사람이 있는가 하면 문법이 어렵다고 하는 사람도 있어요.

가: 사람마다 장점이 다른 것 같아요.
나: 맞아요. 어떤 사람은 머리가 좋은가 하면 어떤 사람은 성격이 좋아요.

2. -는다는/ㄴ다는/다는

• 의미와 용법

동사나 형용사에 붙여 뒤 명사의 내용을 완전한 문장의 형식으로 앞에 제시하여 꾸며줄 때 쓴다.

• 활용

동사의 어간이 'ㄹ' 이외의 자음으로 끝나면 '-는다는', 모음이나 'ㄹ'로 끝나면 '-ㄴ다는', 형용사 어간 뒤에는 '-다는'을 쓴다. '명사+이다'의 '이다'는 명사가 자음으로 끝나면 '이라는', 명사가 모음으로 끝나면 '라는'으로 쓰인다.

앞에 오는 어간	결합 형태	예
자음(동사)	-는다는	읽는다는, 입는다는, 믿는다는
모음, ㄹ(동사)	-ㄴ다는	간다는, 좋아한다는, 안다는
형용사	-다는	많다는, 크다는, 중요하다는
명사+이다(자음)	이라는	학생이라는, 일요일이라는
명사+이다(모음)	라는	부자라는, 관광지라는

• 예문

젊었을 때 건강을 챙겨야 한다는 기사를 자주 읽는다.

노약자석은 비어 있어도 앉지 않아야 한다는 의견이 대부분이었다.

윗물이 맑아야 아랫물이 맑다는 속담이 있다.

중학교 때 항상 조용하던 민수가 연예인이 됐다는 소식을 듣고 깜짝 놀랐다.

가: 우리 회사가 해외에 진출한다는 소식을 들었어요?
나: 네, 김 과장님이 그 일로 출장을 가신다는 소문이 있어요.

가: 음주 운전에 대한 처벌을 더 강하게 해야 한다는 사람들이 늘고 있어요.
나: 음주 운전은 다른 사람에게 피해를 줄 수 있으니까요.

〈2〉 경제적인 여가 생활

1. -는다지요/ㄴ다지요/다지요?

• 의미와 용법

동사나 형용사에 붙여 다른 곳에서 알게 된 사실을 듣는 사람이 이미 알고 있을 것이라고 생각하고 확인할 때 쓴다.

• 활용

동사의 어간이 'ㄹ' 이외의 자음으로 끝나면 '-는다지요?', 모음이나 'ㄹ'로 끝나면 '-ㄴ다지요?', 형용사 어간 뒤에는 '-다지요?'를 쓴다. '명사+이다'의 '이다'는 명사가 자음으로 끝나면 '이라지요?', 명사가 모음으로 끝나면 '라지요?'로 쓰인다.

앞에 오는 어간	결합 형태	예
자음(동사)	-는다지요?	읽는다지요? 입는다지요? 믿는다지요?

모음, ㄹ(동사)	-ㄴ다지요?	간다지요? 좋아한다지요? 안다지요?
형용사	-다지요?	많다지요? 크다지요? 중요하다지요?
명사+이다(자음)	이라지요?	학생이라지요? 일요일이라지요?
명사+이다(모음)	라지요?	부자라지요?, 관광지라지요?

• 예문

요즘 젊은 사람들은 명절 음식도 직접 만들지 않고 배달을 해서 먹는다지요?

민수 씨 동생이 다음 달에 결혼을 한다지요?

직장을 다니면서도 미래를 위해 공부를 하는 사람들이 많다지요?

휴대전화가 발달하면서 컴퓨터 사용량이 줄었다지요?

가: 초등학생들에게 인기가 있는 직업이 배우나 가수 같은 연예인이라지요?
나: 네, 제 조카도 가수가 되겠다고 하면서 날마다 노래 연습을 해요.

가: 요즘에는 휴가 때 다른 나라로 여행을 가는 사람이 많다지요?
나: 네, 제 주변 사람들도 여유가 있을 때는 해외여행을 많이 가요.

2. -든지 -든지

• 의미와 용법

동사의 어간에 붙여 선택할 수 있는 경우를 두 가지 이상 제시할 때 쓴다. '-든지 말든지'를 쓰면 선택을 하거나 하지 않거나 자신은 관계없음을 강하게 나타낸다.

• 예문

청소를 하든지 설거지를 하든지 집안일을 좀 해.

점심을 먹고 한강에서 자전거를 타든지 남산 둘레길을 걷든지 해야겠다.

오늘은 피곤하니까 저녁은 나가서 먹든지 배달시켜서 먹든지 하는 게 좋겠다.

집에 가든지 말든지 마음대로 해라.

가: 몸이 너무 아파서 아무 것도 못하겠어요.
나: 병원에 가든지 약국에 가서 약을 사 먹든지 하는 것이 좋을 것 같아요.

가: 점심에 뭘 드시겠어요?
나: 저는 샌드위치를 사 먹든지 간단하게 라면을 끓여 먹든지 할게요.

16과 생활 속의 환경 문제

〈1〉 재활용과 재사용

1. -게요

• 의미와 용법

동사나 형용사에 붙여 상대방의 기분이나 상황에 대해 질문한 후에 그런 질문을 하게 된 가시적인(눈에 보이는) 이유를 덧붙여 말할 때 쓴다.

• 예문

뭐 좋은 일이라도 있어요? 계속 웃고 있게요.

음식이 입에 안 맞아요? 별로 먹지 않게요.

많이 추운가 봐요. 입술이 파랗게요.

부장님은 오늘 급한 일이 있으시대요? 일찍 퇴근하셨게요.

가: 많이 바쁜가 봐요. 자리에 앉지도 못하고 계속 뛰어다니게요.
나: 네, 급하게 처리해야 하는 일이 있어서요.

가: 오늘 무슨 일이 있어요? 학교 앞에 사람들이 이렇게 모여 있게요.
나: 요즘 제일 인기 있는 가수가 지금 학교 앞에 와 있어요.

• 참고

이미 끝난 사실을 말할 때에는 '-었게요'를 쓴다.

2. -던가요?

• 의미와 용법

동사나 형용사에 붙여 말하는 사람이 자신은 경험하지 못한 과거의 일에 대해 상대방의 경험을 회상해서 말하도록 물을 때 쓴다.

• 예문

사람들이 어느 역에서 많이 타던가요?

어제 본 공연들 중에서 무슨 공연이 제일 재미있던가요?

오늘 온 사람이 몇 명이던가요?

친구들이 발표 준비를 잘 했던가요?

가: 어제 운전을 배우러 운전 학원에 처음 갔다 왔어요.
나: 운전을 배워 보니까 어떻던가요?
가: 생각보다 어렵지 않고 정말 재미있었어요. 다음 수업도 기대가 돼요.

가: 저는 사진을 찍으러 여기저기에 다니는 걸 좋아해요.
나: 그래요? 어디에서 풍경 사진을 찍으면 사진이 잘 나오던가요?
가: 저는 하늘공원에서 찍은 사진이 제일 마음에 들던데요. 가을에 한번 가 보세요.

• 참고

이미 끝난 사실을 말할 때에는 '-었던가요?'를 쓴다.

〈2〉 환경과 생활 습관

1. -더니[3]

• 의미와 용법

동사에 붙여 말하는 사람이 연이어 관찰한 다른 사람의 행동을 전달할 때 쓴다.

• 예문

동생은 전화를 받더니 급하게 뛰어나갔다.

웨이는 책을 덮더니 소파에 누워서 게임을 하기 시작했다.

제임스가 내 옆에 앉더니 어제 갔다 온 모임 이야기를 하기 시작했다.

룸메이트가 아이스크림을 두 개 가지고 들어오더니 그 중 하나를 나에게 줬다.

가: 오늘 존 씨한테 무슨 일이 생겼어요?
나: 잘 모르겠어요. 수업 중에 갑자기 나가더니 안 돌아왔어요.

가: 노트북이 고장 났어요?
나: 네. 노트북에 파란 화면이 뜨더니 갑자기 꺼졌어요.

2. -도록 하다

• 의미와 용법

동사에 붙여 말하는 사람이 그 행위를 하려는 자신의 의지를 나타낼 때 혹은 상대방에게 그 행위를 하라고 강하게 명령하거나 권유할 때 쓴다.

• 예문

일을 미리미리 해서 밀리지 않도록 해야겠어요.

내일 오전 10시에 출발하니까 늦지 않도록 하세요.

오늘 퇴근 시간 전까지 과장님께 보고서를 보내도록 하겠습니다.

복잡한 지하철 안에서는 다른 사람에게 불편을 끼치는 일이 없도록 합시다.

가: 요즘 유난히 실수가 많네요. 일처리를 좀 더 꼼꼼하게 하세요.
나: 죄송합니다. 앞으로는 더 신경 쓰도록 하겠습니다.

가: 내일은 중요한 행사가 있으니까 모두 정장을 입고 오도록 하세요.
나: 네, 알겠습니다.

17과 개인과 공동체

〈1〉 개인주의

1. -었을/았을/였을 텐데

• 의미와 용법

동사나 형용사에 붙여 상대방이나 제3자의 이미 완료된 상황을 말하는 사람이 추측하여 말하면서 뒤에 의문이나 제안, 반대되는 내용 등을 제시할 때 쓴다.

• 예문

내가 보낸 문자 메시지를 오빠가 받았을 텐데 왜 대답이 없는지 모르겠다.

운전면허 시험이 끝났을 텐데 왜 아직 윤아한테서 연락이 없는지 모르겠다.

음식이 조금 매웠을 텐데 가족들이 모두 맛있게 먹었다.

우진 씨가 일이 많아서 힘들었을 텐데 불평을 한마디도 하지 않았다.

가: 상우가 지금쯤 중국에 도착했을 텐데 먼저 연락을 해 볼까요?
나: 곧 연락이 오겠지요. 조금만 더 기다려 봅시다.

가: 오늘 하루 종일 이삿짐을 옮기느라고 힘들었을 텐데 어서 쉬어.
나: 네, 어머니도 이제 들어가서 좀 쉬세요.

2. -는 둥 마는 둥 하다

• 의미와 용법

동사에 붙어 무슨 일을 하기는 했으나 열심히 하지 않거나 제대로 하지 않고 대충함을 나타낸다.

• 예문

민준이는 신발을 신는 둥 마는 둥 하면서 급하게 뛰어나갔다.

관광객들은 안내원의 설명을 듣는 둥 마는 둥 하면서 사진만 찍었다.

사장님은 사원들의 인사를 받는 둥 마는 둥 하면서 사장실로 들어가셨다.

하늘이는 휴대 전화를 보느라고 엄마 질문에 대답을 하는 둥 마는 둥 한다.

가: 리타오 씨, 오늘 많이 피곤해 보이는군요.
나: 네, 어제 발표 준비를 하느라고 자는 둥 마는 둥 해서 그래요.

가: 아이가 사춘기가 되면 말을 안 듣는다고 하던데 선희 씨 아이는 어때요?
나: 제 아이도 그래요. 아이가 어렸을 때는 제 말을 잘 듣더니 중학생이 된 후로는 제 말을 듣는 둥 마는 둥 해요.

〈2〉 함께 사는 집

1. -는/은/ㄴ 만큼

• 의미와 용법

동사나 형용사에 붙어 앞 내용이 뒤 내용의 원인이나 근거가 됨을 나타낸다.

• 활용

동사, '있다', '없다'의 어간 뒤에는 '-는 만큼', 'ㄹ' 이외의 자음으로 끝나는 형용사 어간 뒤에는 '-은 만큼', 모음이나 'ㄹ'로 끝나는 형용사 어간, '명사+이다' 뒤에는 '-ㄴ 만큼'을 쓴다.

앞에 오는 어간	결합 형태	예
동사, 있다, 없다	-는 만큼	믿는 만큼, 쓰는 만큼, 있는 만큼
자음(형용사)	-은 만큼	많은 만큼, 좋은 만큼, 높은 만큼
모음, ㄹ(형용사) 명사+이다	-ㄴ 만큼	중요한 만큼, 아픈 만큼, 힘든 만큼, 일요일인 만큼, 휴가인 만큼

• 예문

연수를 받느라고 늘 잠이 모자라는 만큼 시간이 날 때마다 쉬는 게 좋다.

주민 센터에서 여는 강좌는 수강료가 저렴한 만큼 신청하는 사람이 많다.

인생은 배움의 연속인 만큼 우리는 끊임없이 자신의 능력을 개발해야 한다.

우리 모두 지금까지 최선을 다한 만큼 좋은 결과가 있을 것이다.

가: 이번 일로 우리 회사의 미래가 결정되는 만큼 모두 열심히 해야 합니다.
나: 네, 어떤 문제도 생기지 않도록 하겠습니다.

가: 좋은 대학교에 들어가려면 공부를 많이 해야겠지요?
나: 그럼요. 좋은 대학교는 들어가기 어려운 만큼 더 열심히 해야 해요.

• 참고

완료된 상황일 때, 'ㄹ' 이외의 자음으로 끝나는 동사 어간에는 '-은 만큼', 모음이나 'ㄹ'로 끝나는 동사 어간에는 'ㄴ 만큼'을 쓴다.

2. -는다고/ㄴ다고/다고[1]

• 의미와 용법

동사나 형용사에 붙여 다른 사람의 말이나 속담, 사자성어 등을 인용해서 뒤 내용의 근거를 삼고자 할 때 쓴다.

• 활용

동사의 어간이 'ㄹ' 이외의 자음으로 끝나면 '-는다고', 모음이나 'ㄹ'로 끝나면 '-ㄴ다고', 형용사의 어간 뒤에는 '-다고'를 쓴다. '명사+이다'의 '이다'는 명사가 자음으로 끝나면 '이라고', 명사가 모음으로 끝나면 '라고'로 쓰인다.

앞에 오는 어간	결합 형태	예
자음(동사)	-는다고	읽는다고, 입는다고, 믿는다고
모음, ㄹ(동사)	-ㄴ다고	온다고, 좋아한다고, 안다고
형용사	-다고	많다고, 크다고, 없다고
명사+이다(자음)	이라고	금강산도 식후경이라고, 이심전심이라고
명사+이다(모음)	라고	하늘의 별따기라고, 일석이조라고,

• 예문

낮말은 새가 듣고 밤말은 쥐가 듣는다고 말조심을 해야 한다.

모든 병은 마음에서 시작된다고 마음이 편하지 않으면 몸도 여기저기 아프게 된다.

세상에 공짜는 없다고 식사를 무료로 주는 행사라면 뭔가 다른 것을 요구할 것 같다.

이심전심이라고 어머니께 전화를 드리려고 했는데 마침 어머니가 전화하셨다.

가: 드디어 정선에 도착했어요. 우리 어디부터 구경할까요?
나: 금강산도 식후경이라고 밥부터 먹고 구경합시다.

가: 제주도에 다녀온 사람들이 모두 제주도가 아름답다고 하더군요.
나: 네, 맞아요. 백 번 듣는 것보다 한 번 보는 것이 낫다고 이번 방학에 같이 가 봐요.

18과 변화하는 사회

〈1〉 사고방식의 변화

1. -꼴로

• 의미와 용법

명사에 붙여 그 정도의 수량 만큼에 해당함을 나타낼 때 쓴다.

• 예문

전 국민 다섯 명 중에 한 명꼴로 이 영화를 봤다고 했다.

요즘 바빠서 이틀에 한 번꼴로 편의점 도시락을 사 먹는다.

새로 문을 연 가게 열 곳 중 일곱 곳꼴로 3년 내에 문을 닫는다고 한다.

서울에 사는 주부 두 명 중 한 명꼴로 집에서 김장을 하지 않는다고 한다.

가: 얼마나 자주 부모님께 연락을 드려요?
나: 한 달에 네다섯 번쯤 연락을 드리니까 일주일에 한 번꼴로 연락을 드리네요.

가: 서울 동물원에서 한 달 평균 열 마리의 동물이 태어난대요.
나: 사흘에 한 마리꼴로 동물이 태어나는군요.

2. -는 수가 있다

• 의미와 용법

동사에 붙여 빈도가 높지는 않지만 특별한 경우에 생길 수 있는 가능성을 나타내면서 상대방의 행동이 바람직하지 않을 때 그 행동을 경고하기 위해 쓴다.

• 예문

급하게 먹으면 체하는 수가 있다.

무리해서 투자하다가는 돈을 다 잃는 수가 있다.

시험을 볼 때 당황하면 아는 문제도 틀리는 수가 있다.

해야 할 일을 계속 미루면 나중에 밤을 새워도 못 하는 수가 있다.

가: 어제 일하느라고 밤에 거의 잠을 못 잤어요.
나: 그렇게 무리해서 일을 하다가는 쓰러지는 수가 있어요.

가: 시간이 없어서 머리를 대충 말리고 나가야겠어요.
나: 날씨가 추운데 머리를 다 말리지 않고 나가면 감기에 걸리는 수가 있어요.

〈2〉 도시의 변화

1. -으려나/려나 보다

• 의미와 용법

동사에 붙여 말하는 사람이 눈 앞에서 일어난 장면을 보면서 그 다음에 어떤 일이 일어날 것이라고 추측할 때 쓴다.

• 예문

날씨가 잔뜩 흐린 걸 보니까 곧 비가 오려나 보다.

선생님께서 교과서를 덮으시는 걸 보니까 곧 수업을 끝내시려나 보다.

형이 9시가 넘도록 계속 자는 걸 보니 오늘은 학교에 안 가려나 보다.

열도 내리고 기침도 덜 하는 걸 보니 이제 감기가 나으려나 보다.

가: 어! 극장 안에 불이 꺼졌어요.
나: 이제 영화가 시작되려나 봐요.

가: 평소와 달리 분위기가 심각한 걸 보면 회의가 금방 끝날 것 같지 않아요.
나: 그러게요. 회의가 더 길어지려나 봐요.

2. 하면

• 의미와 용법

명사 뒤에 쓰여 그것을 생각하면 가장 먼저 떠오르는 것이나 대표적인 것 또는 가장 좋은 것을 나타낼 때 쓴다.

• 예문

바다 하면 부산, 부산 하면 바다가 생각난다.

한국 음식 하면 김치와 불고기가 가장 먼저 떠오른다.

신혼 여행지 하면 제일 먼저 생각나는 곳이 하와이이다.

젊은이들이 많이 모이는 곳 하면 사람들은 신촌과 홍대를 떠올린다.

가: 겨울 스포츠 하면 무엇이 제일 먼저 떠올라요?
나: 저는 스키가 제일 먼저 생각나요.

가: 고향 친구가 오는데 어디에 데리고 가면 좋아할까요?
나: 외국인들이 많이 찾는 관광지 하면 당연히 경복궁이죠. 경복궁을 보여 주면 친구가 좋아할 거예요.

19과 나의 삶

〈1〉 선택

1. -는다며/ㄴ다며/다며

• 의미와 용법

동사나 형용사에 붙여 어떤 말을 하면서 함께 하는 행위나 말을 연결하는 데에 쓴다. 간접 인용 '-는다고/ㄴ다고/다고 하며'가 축약되어 굳어진 형태이다.

• 활용

동사의 어간이 'ㄹ' 이외의 자음으로 끝나면 '-는다며', 모음이나 'ㄹ'로 끝나면 '-ㄴ다며', 형용사 어간 뒤에는 '-다며'를 쓴다. '명사+이다'의 '이다'는 명사가 자음으로 끝나면 '이라며', 명사가 모음으로 끝나면 '라며'로 쓰인다.

앞에 오는 어간	결합 형태	예
자음(동사)	-는다며	읽는다며, 입는다며, 믿는다며

모음, ㄹ(동사)	-ㄴ다며	간다며, 좋아한다며, 안다며
형용사	-다며	많다며, 크다며, 중요하다며
명사+이다(자음)	이라며	학생이라며, 일요일이라며
명사+이다(모음)	라며	부자라며, 관광지라며

• **예문**

형은 매일 건강을 위해 과일을 먹는다며 나에게도 먹으라고 했다.
수현 씨는 먼저 퇴근한다며 가방을 들고 사무실에서 나갔다.
김 과장은 자신이 큰일을 맡는 것이 부담스럽다며 제안을 거절했다.
친구가 오늘 시험이 끝났다며 같이 노래방에 가자고 했다.

가: 못 보던 옷이에요. 옷을 샀어요?
나: 아니요, 언니가 이제 안 입는다며 저에게 준 옷이에요.

가: 리아가 한국에 갔다면서요?
나: 네, 한국 케이팝 가수의 콘서트장에 간다며 한국으로 갔어요.

• **참고**

이미 끝난 일을 말할 때는 '-었다며'를 쓴다.

2. -을/ㄹ 따름이다

• **의미와 용법**

동사나 형용사에 붙어 오직 그것만이 전부이며, 그 외에 다른 가능성이나 상황은 없음을 나타낸다.

• **예문**

친구가 크게 성공을 해서 기쁠 따름이다.
동창을 오랜만에 만나서 반가울 따름이다.
별로 친하지 않은 친구에게서 비싼 선물을 받아서 부담스러울 따름이다.
일을 시작하기 전에 미리 계획을 세우지 않은 것이 후회가 될 따름이다.

가: 승진을 축하드립니다.
나: 감사합니다. 중요한 책임을 맡게 되어서 어깨가 무거울 따름입니다.

가: 서현 씨는 매주 봉사활동을 하신다면서요? 정말 대단해요.
나: 대단한 일을 한 것도 아닌데 칭찬을 받으니까 쑥스러울 따름입니다.

〈2〉 현재의 나, 미래의 나

1. 과연 -을까요/ㄹ까요?

• **의미와 용법**

동사나 형용사에 붙여 말하는 사람의 강한 의심을 나타낸다. 어떤 행위의 결과를 앞두고 그 결과에 기대감을 나타낼 때도 쓸 수 있다.

• **예문**

과연 김 과장을 믿어도 될까?
과연 광고에서 본 것처럼 방이 클까?
과연 내가 이 일을 시작한 것이 잘한 일일까?
과연 고향으로 보낸 택배가 약속한 시간에 도착했을까?

가: 저도 저 사람처럼 부자가 된다면 정말 행복할 것 같아요.
나: 부자가 되면 과연 행복할까요?

가: 마트에서 산 김치가 정말 맛있어요.
나: 공장에서 잘 만들었다고 해도 과연 집에서 만든 것 같은 김치 맛이 날까요?

• **참고**

이미 완료된 일을 말할 때는 '-었을까요?'를 쓴다.

2. -어/아/여 가면서

• **의미와 용법**

동사에 붙어 행위가 지속되거나 어떤 행동을 계속 반복하면서 다른 행동을 계속함을 나타낸다.

• **예문**

밥을 먹어 가면서 일을 하는 게 좋겠다.
중간 중간에 준비한 자료를 봐 가면서 회의를 했다.
여러 인터넷 사이트의 가격을 비교해 가면서 쇼핑했다.
모르는 단어가 나오면 사전을 찾아 가면서 신문을 본다.

가: 수업을 듣고 나서 선생님이 하신 말씀이 기억이 안 나요.
나: 들은 내용을 써 가면서 선생님의 말씀을 들으세요.

가: 할일이 너무 많아서 점심을 먹을 시간도 없어요.
나: 아무리 바빠도 건강을 위해서 쉬어 가면서 일을 하세요.

20과 한국의 명절

〈1〉 설날

1. 이야/야

• 의미와 용법

명사에 붙어 대조가 되는 말을 강조하는 의미로 '다른 것은 몰라도 (그것)은'의 뜻을 나타낸다.

• 예문

청소야 이따가 하면 되지요.

예진이야 스스로 알아서 잘하니까 걱정할 필요가 없다.

이번에 새로 나온 청소기요? 그 제품이야 없어서 못 팔지요.

내가 생활비가 넉넉하지는 않지만 커피 한 잔쯤이야 얼마든지 살 수 있어.

가: 오랜만이야. 요즘 어떻게 지내?
나: 나야 늘 잘 지내지. 너는 어떻게 지내?

가: 계절과 상관없이 과일을 먹을 수 있다니 세상 참 좋아졌어요.
나: 맞아요. 지금이야 겨울에도 수박을 쉽게 살 수 있지만 옛날에는 겨울에 수박을 먹는다는 것은 상상하기도 힘든 일이었잖아요.

2. -으라고/라고

• 의미와 용법

동사에 붙여 어떤 행위의 목적, 의도를 나타낼 때 쓴다.

• 예문

배고플 때 먹으라고 내가 친구에게 초콜릿을 줬다.

필요할 때 쓰라고 아버지께서 나에게 돈을 보내 주셨다.

요리할 때 참고하라고 친구가 나에게 좋은 요리 블로그를 소개해 줬다.

회의 일정을 확인하시라고 김 대리가 부장님께 문자 메시지를 보내 드렸다.

가: 한국 사람들은 왜 이사한 사람의 집에 갈 때 휴지를 선물해요?
나: 새 집에서 일이 잘 풀리라고 휴지를 선물해요.

가: 고향 음식을 어떻게 이렇게 많이 가져왔어요?
나: 친구들하고 나눠 먹으라고 어머니께서 고향 음식을 많이 싸 주셨어요.

〈2〉 추석

1. -게^2

• 의미와 용법

동사에 붙어 뒤에 나오는 행위에 대한 목적이나 기준, 뒤에 나오는 행위의 방식, 정도 등을 나타낸다.

• 예문

잠이 깨게 잠깐 나가서 바람을 쐬고 왔다.

언니의 공부에 방해가 되지 않게 음악을 껐다.

고기가 타지 않게 신경을 쓰면서 고기를 구웠다.

중요한 부분이 잘 보이게 빨간색으로 표시해 놓았다.

가: 비가 와서 길이 많이 미끄러워요.
나: 정말 그렇군요. 미끄러지지 않게 조심해야겠어요.

가: 엄마, 저 책 사게 오만 원만 주세요.
나: 네가 지난주에도 책을 산다고 해서 책값을 줬잖아.

2. -으랴/랴 -으랴/랴

• 의미와 용법

동사에 붙어 여러 가지 일을 나열하면서 그러한 일들을 두루두루 하느라 애씀을 나타낸다.

• 예문

내 룸메이트는 학교에 다니랴 아르바이트를 하랴 항상 바쁘다.

한국 극장에서 미국 영화를 봤는데 내용 이해하랴 자막 읽으랴 정신이 없었다.

우리 누나는 직장 다니랴 집안일 하랴 아이들 돌보랴 몸이 열 개라도 모자라다.

요즘 나는 대학교 입학원서를 쓰랴 한국어 능력 시험을 준비하랴 눈코 뜰 새가 없다.

가: 요즘 방학인데 뭘 하느라고 그렇게 바빠?
나: 아르바이트하랴 그동안 못 만난 친구들을 만나랴 영어 학원에 다니랴 학기 중보다 더 바쁜 것 같아.

가: 오늘 왜 이렇게 정신이 없어 보여요?
나: 내일 중요한 회의가 있어서 회의 자료 만들랴 참석자들에게 연락하랴 하루 종일 바빴어요.

연습문제

11과 <1> 효율적인 시간 관리

어휘 **1. 알맞은 단어를 골라서 (　　　) 안에 쓰십시오.**

계획적　　구체적　　자투리　　낭비하다　　미루다　　반성하다

1) 성훈이는 자신의 말실수 때문에 친구들 마음에 상처를 준 것에 대해 깊이 (　　　　　　)었다/았다/였다.
2) 행사를 준비할 때는 (　　　　　　)인 부분까지 생각을 하고 계획을 짜야 한다.
3) 공공장소 화장실에 있는 휴지를 자기 것이 아니라고 생각해서 아끼지 않고 (　　　　　　)는/은/ㄴ 사람들이 생각보다 많다.
4) 오늘 회사 일이 많아서 동창들과 만나기로 한 약속을 (　　　　　　)었다/았다/였다.
5) (　　　　　　)으로/로 일을 하면 시간을 낭비하지 않게 되어서 좋다.
6) 근무 시간 전후의 (　　　　　　) 시간을 활용하면 하루에 많은 일을 할 수 있다.

문법1 **-는다든가/ㄴ다든가/다든가 -는다든가/ㄴ다든가/다든가**

1. 다음 상황에서 어떤 일을 주로 하는지 보기 와 같이 쓰십시오.

	상황	하는 일	
보기	휴가 때	여행을 간다.	만나고 싶은 사람을 만난다.
1)	시간이 많을 때	읽고 싶었던 책을 읽는다.	집 정리를 한다.
2)	스트레스가 쌓였을 때	매운 음식을 먹는다.	노래방에서 노래를 부른다.
3)	돈이 생겼을 때	사고 싶었던 물건을 산다.	동생에게 용돈을 준다.
4)	소화가 되지 않을 때	가벼운 운동을 한다.	소화제를 먹는다.
5)	가족이 보고 싶을 때	가족에게 전화를 한다.	가족사진을 본다.

보기 휴가 때 여행을 간다든가 만나고 싶은 사람을 만난다든가 해요.

1) ______________________________
2) ______________________________
3) ______________________________
4) ______________________________
5) ______________________________

2. 보기 와 같이 대화를 완성하십시오.

보기 가 퇴근하고 나서 무엇을 해요?
나 드라마를 본다든가 음악을 듣는다든가 해요

1) 가 요리하기 싫을 때는 어떻게 해요?
나 ______________________ 배달을 시켜 먹는다든가 해요.

2) 가 한국에서 식사할 때 조심해야 하는 것이 있어요?
나 ______________________ 하면 예의에 어긋나요.

3) 가 공공장소에서 하면 안 되는 행동은 뭐예요?
나 ______________________ 하면 안돼요.

4) 가 어떻게 하면 집안 분위기를 바꿀 수 있을까요?
나 ______________________

5) 가 친구를 기다릴 때 뭘 하면서 시간을 보내요?
나 ______________________

문법2 -는다니까/ㄴ다니까/다니까

1. 다음을 연결하고 보기 와 같이 쓰십시오.

보기 '안녕'이라는 영화가 재미있어요. •	• 그쪽으로 여름휴가를 갑시다.
1) 한국 사람들은 다른 사람 집에 갈 때 빈손으로 가지 않아요. •	• 12시 반에 지하철역에서 만나서 같이 갑시다.
2) 은행은 오전에 사람이 별로 없어요. •	• 생일 선물을 사러 가야겠어요.
3) 강원도가 여름에 시원해요. •	• 오늘 퇴근한 후에 보러 가야겠어요.
4) 아린 씨 결혼식이 오후 1시예요. •	• 과일이나 케이크를 사 가지고 가야겠어요.
5) 토요일이 준우 생일이에요. •	• 오전에 은행에 가야겠어요.

보기 '안녕'이라는 영화가 재미있다니까 오늘 퇴근한 후에 보러 가야겠어요.

1) ______

2) ______

3) ______

4) ______

5) ______

2. 보기 와 같이 대화를 완성하십시오.

보기 가 오늘 점심을 어디에서 먹을까요?
나 회사 앞에 새로운 식당이 생겼다니까 거기에 가 보면 좋겠어요.

1) 가 싸고 좋은 옷을 사고 싶은데 어디에 가서 옷을 사면 좋을까요?
나 ______ 거기에 가 보세요.

2) 가 선생님을 뵙고 싶은데 지금 사무실에 계실까요?
나 ______ 3시 이후에 사무실에 가세요.

3) 가 집들이를 해야 하는데 여러 나라 사람들이 잘 먹을 수 있는 음식이 뭘까요?
나 ______ 김밥과 불고기를 준비해 보세요.

4) 가 등산을 처음 해 보려고 하는데 힘들지 않게 올라갈 수 있는 산을 추천해 주세요.
나 ______

5) 가 고향에서 친구가 오는데 어디에 가면 고향 친구가 좋아할까요?
나 ______

11과 <2> 도심 속 자연

어휘 1. 알맞은 단어를 골라서 (   ) 안에 쓰십시오.

도심   안정   한잔하다   온통   틈틈이

1) 비가 오려고 하는지 하늘이 (   ) 검은 구름으로 덮여 있다.
2) 지하철이며 버스며 대중교통이 편리해서 (   )에서 살고 싶어 하는 사람이 많다.
3) 어제 친구들과 만나서 저녁을 먹으면서 (   )었더니/았더니/였더니 하루 종일 피곤하다.
4) 바닷가를 산책하면 일 때문에 지친 마음의 (   )을/를 다시 찾을 수 있다.
5) 1년 전부터 퇴근 후에 (   ) 중국어 공부를 해서 이제는 자막 없이 중국 드라마를 볼 수 있게 되었다.

문법 1 -더니[2]

1. 보기 와 같이 쓰십시오.

	사람들	내가 본사람들의 행동	그 행동의 결과
보기	영준 씨	날마다 자기 전까지 휴대 전화를 봤다.	눈이 나빠졌다.
1)	호윤 씨	1년 동안 가계부를 쓰다.	돈을 계획적으로 쓰게 되었다.
2)	민주 씨	아침마다 꾸준히 수영을 했다.	건강해졌다.
3)	김 과장님	무리해서 일을 했다.	병에 걸렸다.
4)	르웬 씨	한국어를 열심히 배웠다.	한국 회사에 취직을 했다.
5)	성연 씨	어렸을 때부터 비행기를 좋아했다.	비행기 조종사가 되었다.

보기 영준 씨는 날마다 자기 전까지 휴대 전화를 보더니 눈이 나빠졌어요.

1) ________________
2) ________________
3) ________________
4) ________________
5) ________________

2. 보기 와 같이 대화를 완성하십시오.

보기 가 민철 씨가 입사 면접시험에서 떨어졌대요.
나 면접시험 준비를 하지 않고 날마다 친구들을 만나러 다니더니 시험에 떨어졌군요.

1) 가 두 사람이 어떻게 그렇게 친해졌어요?

나 ______________________________ 예전보다 친해졌어요.

2) 가 준섭 씨가 장학금을 받게 되었대요.

나 ______________________________ 장학금을 받게 되었군요.

3) 가 은영 씨가 집을 한 채 샀대요.

나 그러게요. ______________________________ 결국 집을 샀군요.

4) 가 성준 씨가 만화가가 됐어요.

나 ______________________________

5) 가 민성 씨가 영어를 참 잘해요.

나 ______________________________

문법2 -었다/았다/였다 하면

1. 보기 와 같이 쓰십시오.

보기 주희 씨는 친한 친구와 전화를 하다 / 한 시간 이상 통화를 한다.
→ 주희 씨는 친한 친구와 전화를 했다 하면 한 시간 이상 통화를 한다.

1) 내 동생은 친구들을 만나다 / PC방에 가서 컴퓨터 게임을 한다.

→ ______________________________

2) 제임스 씨는 운동을 하다 / 3시간 이상 한다.

→ ______________________________

3) 민주의 남자 친구는 화가 나다 / 말을 안 한다.

→ ______________________________

4) 남동생은 고깃집에 가다 / 5인분은 먹는다.

→ ______________________________

5) 사장님은 말씀을 시작하시다 / 끝이 없이 말씀을 하신다.

→ ______________________________

2. 보기 와 같이 대화를 완성하십시오.

> 보기 가 왜 음악을 들으면서 눈물을 흘려요?
> 나 저는 이 음악을 들었다 하면 눈물이 나요.

1) 가 방학이 된 후로 명민 씨를 한 번도 본 적이 없어요.

나 ______________________________ 고향 집에 가잖아요.

2) 가 우산을 또 잃어버렸어요?

나 네, ______________________________ 잃어버려요.

3) 가 어렸을 때 친구들을 만나면 보통 뭘 해요?

나 ______________________________ 볼링을 치러 가요.

4) 가 미선 씨, 지난 주말에도 낚시를 하셨어요?

나 ______________________________

5) 가 벌써 크리스마스트리를 만들었어요?

나 ______________________________

12과 <1> 예절과 언어 표현

어휘

1. 알맞은 단어를 골라서 (   ) 안에 쓰십시오.

존댓말　　놓다　　숙이다　　존중하다　　무조건　　아무튼

1) 우리 부모님은 지금도 서로 (   )을/를 쓰신다.
2) 이제부터 존 씨와 말을 (   )고 편하게 지내기로 했다.
3) 오랫동안 고개를 (   )고 휴대 전화를 보면 건강에 좋지 않다.
4) 시험을 잘 못 본 것 같지만 (   ) 시험이 다 끝나니까 마음은 가볍다.
5) 우리 부모님은 내가 어릴 때부터 내 생각을 항상 (   )어/아/여 주셨다.
6) 자기 생각과 다르다고 해서 다른 사람의 의견을 (   ) 무시하면 안 된다.

문법1 -는다고/ㄴ다고/다고 해도

1. 다음을 연결하고 보기 와 같이 쓰십시오.

보기	처음에는 잘 되지 않아요 •	•	가족들에게 짜증을 내면 안 돼요.
1)	식사하기 귀찮아요 •	•	실천하지 않으면 의미가 없어요.
2)	피곤해요 •	•	자기 생각이 있어요.
3)	계획을 꼼꼼하게 세웠어요 •	•	지나치게 많이 먹으면 안 돼요.
4)	건강에 좋은 약이에요 •	•	건강을 생각해서 잘 챙겨 먹어야 해요.
5)	어린 아이예요 •	•	계속 하다 보면 언젠가는 될 거예요.

보기 처음에는 잘 되지 않는다고 해도 계속 하다 보면 언젠가는 될 거예요.

1) ______________________________
2) ______________________________
3) ______________________________
4) ______________________________
5) ______________________________

2. 보기 와 같이 대화를 완성하십시오.

보기 가 이 신발이 예쁘기는 한데 가격이 정말 비싸네요.
나 네, 하지만 아무리 비싸다고 해도 꼭 사고 싶어요.

1) 가 저는 건강에 문제가 없어서 운동을 안 해도 괜찮아요.
나 ______________________ 운동은 해야지요.

2) 가 요즘 저는 드라마가 재미있어서 드라마를 보느라고 자주 밤을 새워요.
나 ______________________ 밤을 새우는 건 건강에 안 좋아요.

3) 가 우리 회사 상황이 어려워서 이번 달 월급을 줄 수 없대요.
나 아니, 그게 무슨 말이에요? ______________________ 직원들에게 월급은 줘야지요.

4) 가 한국어 능력 시험 결과가 안 좋아서 공부할 마음이 안 생겨요.
나 ______________________

5) 가 인터넷에는 얼굴을 직접 보지 않기 때문에 예절을 안 지키는 사람이 많아요.
나 ______________________

문법2 -을/ㄹ 걸 그랬다

1. 보기 와 같이 쓰십시오.

보기 좋아하는 사람에게 제 마음을 표현하지 못한 게 후회가 돼요. 제 마음을 좀 더 표현할 걸 그랬어요.

1) 한국에 좀 더 일찍 오지 않은 게 후회가 돼요. ______________________

2) 전공 공부가 제 적성에 이렇게 안 맞을 줄 몰랐어요. ______________________

3) 회사 생활을 하면서 영어를 사용할 일이 이렇게 많을 줄 몰랐어요. ______________________

4) 계속 미루던 일을 한꺼번에 하니까 힘들어요. ______________________

5) 제 농담 때문에 친구가 기분이 많이 상해서 저하고 말도 안 하려고 해요. ______________________

2. 보기 와 같이 대화를 완성하십시오.

김 노인 요즘은 왜 이렇게 과거에 잘못한 것들이 많이 생각나는지 모르겠어요.

박 노인 그래요? 뭐가 그렇게 후회가 되는데요?

김 노인 저는 먼저 간 남편한테 잘해 주지 못한 것이 계속 마음에 남아 있어요. 보기 남편에게 잘해 줄걸 그랬어요.

최 노인 저도 그래요. 젊을 때는 남편에게 왜 그렇게 잔소리를 많이 했는지 모르겠어요. 먼저 간 남편에게 미안할 때가 많아요. 1) ______________________________

박 노인 저는 부모님께 효도하지 못한 것이 너무 후회가 돼요. 2) ______________________________ 시간이 갈수록 후회가 커지네요.

차 노인 저는 가족들에게 잘하지 못한 것보다는 젊었을 때 건강을 제대로 챙기지 않은 것이 참 아쉬워요. 이렇게 나이 들어서 건강 때문에 고생할 줄 알았으면 3) ______________________________

문 노인 저는 못 배운 것이 후회가 돼요. 요즘은 자식들을 다 키워 놓고 공부를 시작하는 사람도 많던데 저는 그럴 용기를 못 냈어요. 자식들이 다 자란 후에 바로 4) ______________________________

한 노인 저는 나이 든 후에 쓸 돈을 마련해 놓지 않은 게 후회가 돼요. 늙어서 이렇게 자식들을 힘들게 할 줄 알았으면 5) ______________________________

12과 <2> 문화 차이

어휘 **1. 알맞은 단어를 골라서 ( ) 안에 쓰십시오.**

일행 건네다 포근하다 간혹 왠지

1) 4월이 되니까 날씨가 많이 ( )어졌다/아졌다/여졌다.
2) 주앙 씨는 처음 만났을 때부터 ( ) 친근하게 느껴졌다.
3) ( )이/가 아직 다 오지 않았는데 죄송하지만 조금만 더 기다려 주세요.
4) 내 옆자리에 있는 동료와 나는 한 달 넘게 같은 사무실에서 일했지만 서로 말을 ( )은/ㄴ 적이 없다.
5) 제임스 씨가 한국말을 할 때 ( ) 발음이 어색할 때가 있지만 제임스 씨가 만든 문장은 거의 틀리지 않는다.

문법1 치고

1. 보기 와 같이 쓰십시오.

	사람들의 일반적인 생각
보기	농구 선수는 키가 크다
1)	평일에는 백화점에 사람이 많지 않다.
2)	유명한 화가의 작품은 비싸다.
3)	처음 하는 일은 잘하지 못한다.
4)	기타를 오래 배우면 잘 친다.
5)	가격이 저렴한 화장품은 품질이 좋지 않다.

보기 지훈 씨는 농구 선수치고 키가 별로 크지 않아요.

1) 오늘은 ________________ 백화점에 사람이 많아요.
2) 이 그림은 ________________ 비싸지 않아요.
3) 한결 씨는 이 일을 처음 했는데 ________________ 잘했어요.
4) 저는 기타를 ________________
5) 이 화장품은 ________________

2. 보기 와 같이 대화를 완성하십시오.

> 보기 가 친구가 정말 2급에서 공부하는 게 맞아요? 한국말을 꽤 잘하네요.
> 나 네, 제 친구가 2급 학생치고 한국말을 잘하지요?

1) 가 요가를 처음 해 봤다고 했지요? 잘 따라 할 수 있었어요?

나 네, 요가를 ______________________ 는다고/ㄴ다고/다고 칭찬을 받았어요.

2) 가 식당에 자리가 벌써 났어요? 식당 앞에 기다리는 사람이 많다고 했잖아요.

나 식당 앞에 기다리는 사람이 ______________________

3) 가 어제 밤을 새워서 오늘 많이 피곤하겠어요.

나 괜찮아요. 밤을 ______________________

4) 가 그 호텔은 시내에 있으니까 숙박비가 많이 비싸겠어요.

나 아니에요. ______________________

5) 가 에스엔에스에 사진을 올리신 걸 보니까 유명한 레스토랑에 갔다 오셨던데요. 그 식당 음식이 맛있었어요?

나 글쎄요, ______________________

문법2 -는/은/ㄴ 것처럼

1. 다음을 연결하고 보기 와 같이 쓰십시오.

보기 내 집에 있다	●········●	편안해요.
1) 내가 직접 경험한다	● ●	상쾌했어요.
2) 제인 씨는 모든 것을 다 안다	● ●	잘난 척을 했어요.
3) 그 방에 들어가니까 숲 속에 왔다	● ●	열심히 살아요.
4) 사라 씨는 아무 일도 없다	● ●	느껴졌어요.
5) 켄 씨는 오늘이 인생의 마지막 날이다	● ●	평소와 똑같이 행동했어요.

> 보기 마치 내 집에 있는 것처럼 편안해요.

1) ______________________

2) ______________________

3) ______________________

4) ______________________

5) ______________________

2. 하늘 씨의 일기입니다. 보기 와 같이 대화를 완성하십시오.

8월 4일 일요일 맑음

어제 너무 더워서 잘 때 에어컨을 켜 놓고 잤더니 감기에 걸렸다. 일요일이라서 병원에 갈 수도 없는데 하루 종일 감기 때문에 너무 힘들었다. 화장실에 가려고 일어났을 때 보기 온몸이 너무 아픈 것이 누구한테 맞은 것 같았다. **1)** 머리가 아파서 깨질 것 같고, **2)** 머리가 너무 무거워서 며칠 못 잔 것 같은 느낌이다. 게다가 **3)** 콧물이 계속 흘러서 오늘 휴지 한 통을 다 썼다. 수도꼭지를 틀어 놓은 것 같다. 리타오에게 전화를 걸었는데 **4)** 리타오가 내 쉰 목소리를 듣고 놀랐다. 하루 종일 노래를 부른 것 같은 목소리라고 리타오가 말했다. 에어컨을 껐는데도 **5)** 몸이 계속 떨린다. 지금은 여름인데 나에게는 겨울인 것처럼 느껴진다.

(월요일 아침)

의사 안녕하세요. 어디가 안 좋아서 오셨어요?

하늘 에어컨을 켜고 잤다가 감기에 걸렸어요. 보기 **마치 누구한테 맞은 것처럼 온몸이 너무 아파요**. 머리가 **1)** ______________ 아프고, **2)** ______________ 머리가 무거워요.

의사 콧물도 많이 나는 것 같은데요.

하늘 네, 어제 하루에만 휴지 한 통을 썼어요. **3)** ______________ 콧물이 계속 흘러요.

의사 목도 많이 불편하실 것 같아요.

하늘 네, **4)** ______________ 그리고 **5)** ______________

____

의사 몸을 따뜻하게 하고 푹 쉬셔야 합니다. 아무리 더워도 실내 온도를 너무 낮추지 마세요.

13과 <1> 여행과 날씨

어휘

1. 알맞은 단어를 골라서 (   ) 안에 쓰십시오.

발길	빗줄기	넘다	돌리다	뿌옇다	화창하다

1) (   )게 낀 안개 때문에 앞이 잘 보이지 않는다.
2) '산 (   )어/아/여 산'이라고 하는 말은 힘든 일이 하나 지나갔는데 더 힘든 일이 또 생겼을 때 쓰는 말이다.
3) 오늘 날씨가 (   )으니까/니까 내 마음도 맑아지는 것 같다.
4) 우산도 없는데 시간이 갈수록 (   )이/가 굵어지는 것 같아서 걱정이다.
5) 집을 나서서 아무 생각 없이 걸었는데 나도 모르게 내 (   )은/는 예전 여자 친구의 집으로 향하고 있었다.
6) 운전을 하다가 길을 잃으면 그냥 차를 (   )어서/아서/여서 오던 길로 돌아가면 된다.

문법1 -는 김에

1. 다음을 연결하고 보기 와 같이 쓰십시오.

보기 이렇게 가족이 모두 모였다	가족사진을 찍자.
1) 일어났다	근처에 사시는 할머님도 뵙고 가자.
2) 설거지를 한다	화장실도 청소하는 게 좋겠지?
3) 커피를 산다	창문을 좀 닫아 줄래요?
4) 방 청소를 한다	내 컵도 같이 씻어 줄래?
5) 부모님 댁에 왔다	네 것도 같이 샀어.

보기 이렇게 가족이 모두 모인 김에 가족사진을 찍자.

1) ______________________________
2) ______________________________
3) ______________________________
4) ______________________________
5) ______________________________

2. 보기 와 같이 대화를 완성하십시오.

보기 가 어? 머리만 자른다고 하지 않았어요? 염색도 했네요
나 머리만 자르려고 했는데 미용사가 온 김에 염색도 같이 하면 어떻겠냐고 해서 그렇게 했어요.

1) 가 진아는 어떻게 지내고 있을까? 졸업한 이후로 연락해 본 적이 없어.
나 나도 그래. 말이 ______________ 우리 한번 연락해 볼까?

2) 가 우체국에 좀 갔다 올게요.
나 그럼 ______________ 이 편지도 좀 부쳐 줄래?

3) 가 여보세요? 엄마, 저 미나예요. 지금 마트에 왔는데 뭐 필요한 것 없으세요?
나 그래? 그럼 ______________ 파하고 양파 좀 사다 줄래?

4) 가 배가 좀 고프다. 라면이라도 먹어야겠어.
나 나도 먹고 싶었는데 잘 됐다. 그럼 ______________

5) 가 휴지, 비누, 라면, 햄……. 뭐 이렇게 많이 샀어요?
나: 오랜만에 장을 봤거든요. 그래서 ______________

문법2 만 해도

1. 예를 보고 보기 와 같이 쓰십시오.

상황	예
요즘은 결혼을 해도 아이를 낳지 않는 사람들이 많다.	보기 부모님 세대: 2~3명쯤 낳았다. 우리 세대: 1~2명 낳거나 낳지 않는 사람도 많다. 1) 결혼한 내 친구들: 아이를 낳을 계획이 없는 친구들이 꽤 많다.
한국에 유학을 오는 외국인들이 점점 많아지고 있다.	2) 5년 전: 3만 명이었다. 지금: 8만 명이다. 3) 우리 학교: 작년보다 유학생이 100명 늘었다.
요즘 생활비가 많이 든다.	4) 1년 전: 한 달에 60만 원이면 충분했다. 지금: 한 달에 80만 원 정도는 필요하다. 5) 식비: 1년 전보다 한 달에 10만 원 정도 더 든다.

> 보기 요즘은 결혼을 해도 아이를 낳지 않는 사람들이 많아요. 부모님 세대만 해도 2~3명쯤 낳았는데 우리 세대는 1~2명 낳거나 낳지 않는 사람도 많아요.

1) 요즘은 결혼을 해도 아이를 낳지 않는 사람들이 많아요. ______________________

____

2) 한국에 유학을 오는 외국인들이 점점 많아지고 있어요. ______________________

____

3) 한국에 유학을 오는 외국인들이 점점 많아지고 있어요. ______________________

____

4) 요즘 생활비가 많이 들어요. ______________________

____

5) 요즘 생활비가 많이 들어요. ______________________

____

2. 보기 와 같이 대화를 완성하십시오.

> 보기 가 제임스 씨가 고향에 돌아갔다면서요? 얘기 들었어요?
> 나 네, 방금 들었어요. 어제만 해도 아무 얘기가 없었는데 무슨 급한 일이 생겼나 봐요.

1) 가 어? 갑자기 비가 쏟아지는군요.

나 그러게요. ______________ 날씨가 아주 화창했는데요.

2) 가 요즘 경기가 많이 안 좋은가 봐요. 문을 닫는 가게가 많은 걸 보면요.

나 네, ______________ 지난 몇 달 동안 문을 닫은 가게가 열 곳 정도는 되는 것 같아요.

3) 가 제임스 씨가 한국말이 참 많이 늘었지요?

나 네, ______________ 인사말밖에 못했는데 지금은 정말 잘해요.

4) 가 날씨가 꽤 따뜻해졌지요?

나 네, ______________

5) 가 요즘은 사회 관계망 서비스(SNS)를 이용하지 않는 사람이 없는 것 같아요.

나 맞아요, ______________

13과 <2> 혼자 떠나는 여행

어휘

1. 알맞은 단어를 골라서 (   ) 안에 쓰십시오.

석양	벗어나다	식히다	여유롭다	오로지	완전히

1) 너무 배가 고프니까 선생님 말씀은 귀에 들어오지 않고 (   ) 먹을 것만 생각났다.
2) 일상에서 (   )어서/아서/여서 여행을 떠난 것이 얼마만인지 모르겠다.
3) 잠깐 머리도 (   )을/ㄹ 겸 바람도 쐴 겸 나갔다가 와야겠다.
4) 여러 번 반복해서 읽어도 책의 내용을 (   ) 이해하기가 어렵다.
5) 일요일 아침에 늦게 일어나서 (   )게 커피 한 잔을 즐기는 것이 내 일상의 작은 행복이다.
6) 해가 질 때쯤 호수 공원에 가면 물 위로 아름다운 (   )이/가 지는 것을 볼 수 있다.

문법 1 -다가는

1. 다음과 같은 행동을 하는 사람에게 어떻게 말하는 것이 좋을까요? 보기 와 같이 쓰십시오.

	행동	해 주고 싶은 말
보기	급하게 먹는다.	그렇게 급하게 먹다가는 체할지도 몰라요.
1)	쉬지 않고 일만 한다.	
2)	찬 음식을 많이 먹는다.	
3)	공부를 하지 않고 놀기만 한다.	
4)	어두운 방에서 휴대 전화를 오래 본다.	
5)	햇빛이 뜨거운 날 모자나 양산을 쓰지 않고 다닌다.	

2. 보기 와 같이 대화를 완성하십시오.

> 보기 가 아이가 사 달라고 하는 것을 안 사 주면 아이가 너무 큰 소리로 우니까 자꾸 사 주게 돼요.
> 나 그렇게 아이가 사 달라고 하는 것을 다 사 주다가는 아이의 성격이 나빠질 거예요.

1) 가 요즘 일이 많아서 숙제를 자꾸 미루게 돼요.

나 ______________________________

2) 가 학교 숙제 때문에 오늘도 밤을 새워야 할 것 같아요.

나 ______________________________

3) 가 제임스 씨는 수업이 시작됐는데도 계속 휴대 전화만 보고 있어요.

나 ______________________________

4) 가 밤에 배가 고프면 잠을 잘 수가 없으니까 요즘 자꾸 야식을 먹게 돼요.

나 ______________________________

5) 가 대학원에 가야 할지 취직을 해야 할지 계속 고민만 하고 있어요.

나 ______________________________

문법2 -게 마련이다

1. 보기 와 같이 문장을 완성하십시오.

> 보기 좁은 곳에 많은 사람들이 모여 살면 여러 가지 문제가 생기게 마련이에요.

1) 마음이 편하면 몸도 ______________________________

2) 오래 함께 생활하면 정이 ______________________________

3) 대화를 많이 하지 않으면 사이가 ______________________________

4) 나이가 들면 ______________________________

5) 낮잠을 자면 ______________________________

2. 보기 와 같이 대화를 완성하십시오.

> 보기 가 오래 외국 생활을 하다가 보니까 어머니가 해 주시던 고향 음식이 그리워요.
> 나 오랫동안 집을 떠나 있으면 집에서 먹던 음식이 그리워지게 마련이에요.

1) 가 영수 씨같이 꼼꼼한 사람이 그런 실수를 할 줄은 몰랐어요.

   나 너무 바쁘면 누구나 ______________________________

2) 가 맛있어서 거의 날마다 비빔밥을 먹었는데 요즘은 잘 먹게 되지 않아요.

   나 좋아하는 음식도 날마다 먹으면 ______________________________

3) 가 사업을 너무 서둘러서 시작했나 봐요. 생각대로 잘 되지 않아서 계속 해야 할지 고민이에요.

   나 무슨 일이든지 너무 서두르면 ______________________________

4) 가 지난 방학에 한 달 동안 고향에 갔다 왔는데요. 오랜만에 한국말을 하려고 하니까 한국말이 잘 나오지 않아요.

   나 ______________________________

5) 가 열심히 한국말을 공부해도 잘 늘지 않아요. 어떻게 해야 늘까요?

   나 ______________________________

<1> 방송과 영상

어휘

1. 알맞은 단어를 골라서 (   ) 안에 쓰십시오.

범인　소재　예능　오가다　일어나다　출연하다　흥미롭다

1) 내가 좋아하는 배우가 (   )는/은/ㄴ 영화는 꼭 챙겨서 본다.
2) 지하철역 주변은 출근하기 위해 바쁘게 (   )는/은/ㄴ 사람들로 붐볐다.
3) 요즘 여행을 (   )으로/로 하는 텔레비전 프로그램을 많이 볼 수 있다.
4) 고속도로에서 트럭이 미끄러져 앞 차와 부딪치는 사고가 (   )었다/았다/였다.
5) 에릭 씨는 연예인들이 나와서 자신의 이야기를 들려주는 (   ) 프로그램을 좋아한다.
6) 다른 나라의 문화를 배우는 일은 아주 (   )는/은/ㄴ 일이다.
7) 사건이 일어난 지 한 달이 지났지만 아직 (   )이/가 누구인지 모른다.

문법1 -는다고요/ㄴ다고요/다고요

1. 보기 와 같이 바꿔 쓰십시오.

보기 잠을 너무 많이 자면 건강에 나빠요.
→ 잠을 너무 많이 자면 건강에 나쁘다고요.

1) 오늘 저녁에 회식이 있습니다.

→ ______________________________

2) 치킨은 맥주와 먹는 것이 최고예요.

→ ______________________________

3) 결혼이 필수라고 생각하는 사람이 예전보다 많이 줄었어요.

→ ______________________________

4) 주말에 분위기 좋은 곳에서 같이 식사합시다.

→ ______________________________

5) 오늘 숙제가 무엇인지 가르쳐 주세요.

→ ______________________________

2. 보기 와 같이 대화를 완성하십시오.

윤아 노라 씨가 지난주에 고향에 돌아갔대요.

흐엉 보기 노라 씨가 고향에 돌아갔다고요?

윤아 네, 다음 주에 고향에 가는데 1년 후에 다시 한국에 올 거라고 했어요.

흐엉 완전히 귀국하는 게 아니라 1) ______________________________?

윤아 맞아요. 다시 한국에 오면 대학원에 입학할 거래요.

흐엉 아, 회사에 다니지 않고 2) ______________________________?

윤아 예전부터 회사를 그만두고 신문방송학을 공부하고 싶다고 했어요.

흐엉 그럼 노라 씨는 올해 고향에 있겠네요. 우리 같이 노라 씨 고향에 여행을 갈래요?

윤아 노르웨이로 3) ______________________________?

흐엉 네. 윤아 씨하고 저하고 4) ______________________________

윤아 어떡하죠? 저는 지난 방학 때 이미 노라 씨 집에 다녀왔는데 제가 말하지 않았나요?

흐엉 네? 이미 5) ______________________________?

문법2 -었더라면/았더라면/였더라면

1. 보기 와 같이 바꿔 쓰십시오.

> 보기 일찍 출발하지 않아서 기차를 놓쳤다.
> → 일찍 출발했더라면 기차를 놓치지 않았을 거예요.

1) 따뜻한 옷을 입지 않아서 감기에 걸렸다.

→ ______________________________

2) 콘서트 표를 일찍 예매하지 않아서 좋은 자리에 앉지 못했다.

→ ______________________________

3) 쇼핑을 많이 해서 이번 달에 저축을 하지 못했다.

→ ______________________________

4) 해야 할 일을 적어 놓지 않아서 잊어버렸다.

→ ______________________________

5) 휴대 전화를 집에 놓고 와서 친구의 연락을 받지 못했다.

→ ______________________________

2. 보기 와 같이 대화를 완성하십시오.

> 보기 가 건강 검진 결과가 어때요?
> 나 좋지 않아요. 건강에 신경을 썼더라면 이렇게 건강이 나빠지지 않았을 텐데요.

1) 가 오늘 말하기 시험은 잘 봤어요?

나 아니요, 긴장을 너무 많이 했어요. ______________________________

2) 가 여행 가서 사진을 많이 찍었어요?

나 아니요, 여행지에서 사진기가 고장 났어요. ______________________________

3) 가 지난주 모임에 왜 안 왔어요? 민호 씨도 왔는데요.

나 민호 씨가 왔어요? ______________________________

4) 가 일기 예보에서 비가 온다고 했는데 우산을 가지고 왔어요?

나 아니요, 일기 예보를 못 들었어요. ______________________________

5) 가 오늘은 이 식당이 쉬는 날이네요. 괜히 여기까지 왔어요.

나 그러게요. ______________________________

14과 <2> 1인 방송

어휘

1. 알맞은 단어를 골라서 (   ) 안에 쓰십시오.

반응　　실시간　　콘텐츠　　끌다　　반영하다　　참여하다　　그때그때

1) 책을 읽으면서 중요한 부분은 (   ) 메모를 해 놓는 편이다.
2) 요즘은 인터넷으로 해외 소식을 (   )으로/로 알 수 있다.
3) 회의 때 동료들은 내 의견에 긍정적인 (   )을/를 보였다.
4) 소설은 그 나라 사람들의 사고방식과 생활을 (   )는다/ㄴ다/다.
5) 우리 신문사가 제공하는 기사, 사진, 영상 등 모든 (   )은/는 법의 보호를 받는다.
6) 이번 주부터 봉사 활동에 (   )고 싶은데 어떻게 하면 되는지 모르겠다.
7) 최근 휴대 전화로 간편하게 즐길 수 있는 게임이 인기를 (   )고 있다.

문법1 에 관한

1. 보기 와 같이 쓰십시오.

보기 한국에는 음식 / 속담이 많다.
→ 한국에는 음식에 관한 속담이 많다.

1) 요즘 성격과 건강의 관계 / 책을 읽고 있다.

→ ____________________

2) 우리 연구소에서는 성인병 / 연구를 진행하고 있다.

→ ____________________

3) 아시아 여러 국가의 경제 발전 / 논문을 찾아서 읽었다.

→ ____________________

4) 한국의 기업 문화 / 자료를 인터넷으로 검색했다.

→ ____________________

5) 인터넷 게임의 문제점 / 발표를 시작하겠습니다.

→ ____________________

2. **에릭 씨와 유키 씨가 발표를 준비하고 있습니다. 보기 와 같이 대화를 완성하십시오.**

제임스	유키
발표 주제: 직장인의 여가 문화	발표 주제: 한국 요리의 특징
기사: 30대 직장인 김 모씨, 퇴근 후에 무엇을 하는가?	책: '한국 음식의 특징'
통계청 자료: 30~50대 직장인의 여가 활동	텔레비전 프로그램: '한국인의 식탁 한국 요리는 어떻게 만들어지는가?'

유키 에릭 씨, 무슨 주제로 발표할 거예요?

에릭 보기 **직장인의 여가 문화에 관한** 주제로 발표를 하려고 해요. 유키 씨 발표 주제는 뭐예요?

유키 저는 **1)** ________________ 주제로 발표할 거예요. 그런데 에릭 씨는 어떤 자료를 찾아 봤어요?

에릭 저는 **2)** ________________ 기사를 읽었어요. 그리고 통계청 홈페이지에서 **3)** ________________ 자료도 검색했어요. 유키 씨는요?

유키 저는 책을 한 권 읽었어요. 그 책은 **4)** ________________ 책인데 도움이 많이 됐어요. 그리고 텔레비전에서 **5)** ________________ 프로그램도 봤고요.

에릭 정말 열심히 준비하셨네요.

문법2 -는다면야/ㄴ다면야/다면야

1. **다음을 연결하고 보기 와 같이 쓰십시오.**

보기 원하는 대학에 갈 수 있다 • — • 밤을 새워 공부할 수 있어요.

1) 건강이 회복될 수 있다 •

2) 부모님이 좋아하시다 •

3) 시간 여유가 있다 •

4) 바쁜 영수 씨가 우리 집에 오다 •

5) 어머니께서 영어를 공부하시겠다 •

• 어디에서 생신 잔치를 해도 상관없어요.

• 저도 당연히 운동을 하지요.

• 밤을 새워 공부할 수 있어요.

• 언제든지 환영이지요.

• 아무리 약이 써도 먹을 수 있어요.

• 제가 얼마든지 가르쳐 드릴 수 있어요.

보기 원하는 대학에 갈 수 있다면야 밤을 새워 공부할 수 있어요.

1) ____________________

2) ____________________

3) ____________________

4) ____________________

5) ____________________

2. 보기 와 같이 대화를 완성하십시오.

> 보기 가 어제 취업 박람회에서 상담을 받은 회사에 가실 거예요?
> 나 월급을 많이 준다면야 그 회사에 가지요.

1) 가 콘서트 표가 그렇게 비싼데도 표를 살 거예요?

나 ____________________ 얼마이든지 사겠어요.

2) 가 시내에 있는 학원은 잘 가르치는데 여기에서 좀 멀어요.

나 ____________________ 거리가 멀어도 다닐 수 있어요.

3) 가 어제 제가 갔던 식당이 음식은 정말 맛있는데 좀 비싸요. 그래도 가 보실래요?

나 ____________________ 음식 값이 좀 비싸도 괜찮아요.

4) 가 저희 하숙집이 시설은 깨끗한데 아침을 안 줘요.

나 ____________________

5) 가 이번에 나온 제품이 디자인은 예쁜데 좀 무겁더라고요.

나 ____________________

15과 <1> 남산 둘레길

어휘

1. 알맞은 단어를 골라서 (   ) 안에 쓰십시오.

둘레   매력   산책로   삶   표지판   금강산도 식후경

1) 점심을 먹고 호수 (   )에 있는 길을 걸으면서 이런 저런 생각을 했다.
2) (   )이라고/라고 하는 말도 있는데 우리 밥을 먼저 먹고 다른 작품들도 보는 것이 어떨까?
3) 모르는 길을 갈 때는 (   )을/를 잘 보고 가야 한다.
4) 뒷산에 (   )이/가 만들어져 있어서 산책하기가 편해졌다.
5) 영수 씨는 배우처럼 잘 생긴 것은 아니지만 영수 씨만의 (   )이/가 있다.
6) 다른 사람의 도움을 받은 민수는 앞으로 자신도 다른 사람을 도와서 의미 있는 (   )을/를 살겠다고 결심했다.

문법1 -는가/은가/ㄴ가 하면

1. 보기 와 같이 쓰십시오.

보기	자동차로 출근하는 사람	지하철로 출근하는 사람
1)	아침에 밥을 먹는 사람	아침에 과일을 먹는 사람
2)	비행기에서 창가 쪽 자리를 좋아하는 사람	비행기에서 통로 쪽 자리를 좋아하는 사람
3)	아이를 안 낳으려는 부부	아이를 많이 낳으려는 부부
4)	주말에 집에서 쉬려는 사람	주말에 밖에 나가서 여러 활동을 하려는 사람
5)	항상 밖에서 밥을 사 먹는 사람	항상 집에서 밥을 해 먹는 사람

보기 어떤 사람은 자동차로 출근하는가 하면 어떤 사람은 지하철로 출근해요.

1) 아침에 어떤사람은 ______________________________ 어떤 사람은 과일을 먹어요.
2) 비행기를 탈 때 ______________________________ 어떤 사람은 통로 쪽 자리를 좋아해요.
3) 어떤 부부는 ______________________________
4) ______________________________
5) ______________________________

2. 보기 와 같이 대화를 완성하십시오.

> 보기 가 한국 사람들은 모두 한국에서 만든 휴대 전화를 사용해요?
> 나 아니요, 어떤 사람은 한국에서 만든 휴대 전화를 사용하는가 하면 어떤 사람은 다른 나라에서 만든 휴대 전화를 사용해요.

1) 가 한국 회사에서는 회식을 자주 해요?
   나 ______________________ 어떤 회사에서는 회식을 자주 하지 않아요.
2) 가 학생들이 다 기숙사에 살아요?
   나 ______________________ 어떤 학생은 하숙집이나 원룸에서 살아요.
3) 가 한국 사람들은 나이가 들었을 때 자식들과 함께 살아요?
   나 ______________________ 혼자 사는 사람도 있어요.
4) 가 반 친구들이 모두 열심히 공부해요?
   나 ______________________
5) 가 요즘 사람들은 휴대 전화로 자기 사진을 찍는 것을 좋아하는 것 같아요.
   나 ______________________

문법2 -는다는/ㄴ다는/다는

1. 보기 와 같이 쓰십시오.

> 보기 시간이 금이다 / 말이 있다.
> → 시간이 금이라는 말이 있다.

1) 미래는 더 밝을 것이다 / 희망을 가져라.
→ ______________________
2) 대학에 꼭 들어가야 한다 / 생각을 가진 사람이 많다.
→ ______________________
3) 영수가 결혼식을 1년 미뤘다 / 소식을 들었다.
→ ______________________
4) 한국 대학원에 진학하겠다 / 학생이 늘었다.
→ ______________________
5) 나는 어릴 때부터 외국에서 일하고 싶다 / 꿈이 있었다.
→ ______________________

2. 보기 와 같이 대화를 완성하십시오.

제주도로 가고 싶다.
언젠가 동생을 만날 수 있다.
돼지꿈을 꾸면 좋은 일이 생긴다.
영양제를 지나치게 많이 먹으면 건강에 좋지 않다.
어두운 곳에서 휴대 전화를 보면 시력이 안 좋아진다.
아이가 갖고 싶은 것이 아니라 아이에게 필요한 것을 사 줘라.

보기 가 학생들은 졸업여행을 어디로 가고 싶대요?
나 제주도로 졸업여행을 가고 싶다는 학생이 많아요.

1) 가 어제 돼지꿈을 꿨어요.
나 ________________ 말이 있는데요.

2) 가 할머님의 동생이 북한에 계시다면서요?
나 네, 저희 할머니는 아직도 ________________ 희망을 가지고 계세요.

3) 가 날마다 영양제를 10가지를 먹어요.
나 ________________ 기사를 본 것 같아요.

4) 가 요즘 눈이 좀 나빠진 것 같아요.
나 ________________

5) 가 요즘 아이가 갖고 싶어하는 것은 뭐든지 다 사 주는 부모가 많아요.
나 ________________

15과 <2> 경제적 여가 생활

어휘

1. 알맞은 단어를 골라서 (   ) 안에 쓰십시오.

경제적　　대여소　　안전모　　장비　　가르다　　마음껏

1) 요즘에는 스키 (   )을/를 빌려주는 곳이 많아서 저렴하게 스키를 탈 수 있다.
2) 전자제품을 사는 것보다 빌려서 사용하는 것이 더 (   )인 것 같다.
3) 아이들은 자연 속에서 (   ) 놀 수 있게 해 주어야 한다.
4) 작은 배가 강물을 (   )으면서/면서 앞으로 갔다.
5) 자전거나 오토바이를 탈 때는 머리를 보호하기 위해 (   )을/를 꼭 써야 한다.
6) 공원에 가면 싸게 자전거를 빌릴 수 있는 자전거 (   )이/가 있다.

문법1 -는다지요/ㄴ다지요/다지요?

1. 보기 와 같이 쓰십시오.

보기 반려동물을 입양하는 사람들이 늘고 있다.
→ 반려동물을 입양하는 사람이 늘고 있다지요?

1) 플라스틱 빨대를 사용하는 커피숍이 많이 줄었다.
→ ______________________________

2) 출발하기 4개월 전에 항공권을 예약하는 것이 가장 싸다.
→ ______________________________

3) 어떤 회사에서 세계적으로 유명한 한국 가수들의 모습을 흉내 낸 인형을 만든다.
→ ______________________________

4) 세계적인 피아니스트가 다음 달에 서울에서 공연을 한다.
→ ______________________________

5) 자동차 앞 유리창에 내비게이션이 나타나는 기술이 개발됐다.
→ ______________________________

2. 보기 와 같이 대화를 완성하십시오.

> 보기 가 김 선생님 아드님이 대학교에 합격했다지요?
> 나 네, 그래서 김 선생님이 다음 주에 한턱내신대요.

1) 가 사장님 성격이 ______________________

나 네, 그래서 사장님이 하시는 일은 실수가 없어요.

2) 가 다음달 12일이 ______________________

나 네, 우리 같이 주혁 씨 생일 파티 준비를 할까요?

3) 가 요즘 기름값이 ______________________

나 네, 기름값이 지난달에 비해서 7퍼센트나 내렸어요.

4) 가 ______________________

나 네, 그래서 어제 출근하는 시민들이 눈 때문에 불편을 많이 겪었어요.

5) 가 ______________________

나 네, 제 친구들도 주말에는 한강에 많이 가더라고요.

문법2 -든지 -든지

1. 보기 와 같이 쓰십시오.

> 보기 심심하면 TV를 보다 / 게임을 하다 / 해.
> → 심심하면 TV를 보든지 게임을 하든지 해.

1) 피곤하면 걸어서 가지 말고 버스를 타다 / 택시를 타다 / 하는 게 어때?

→ ______________________

2) 머리가 너무 아프면 좀 자다 / 약을 먹다 / 해야지.

→ ______________________

3) 지금 쓰고 있는 글은 지금 내다 / 집에서 끝까지 써 오다 / 하세요.

→ ______________________

4) 노트북이 급하게 필요한데 친구에게 며칠만 빌리다 / 싼 것을 하나 사다 / 해야겠다.

→ ______________________________

5) 마음먹고 열심히 공부하다 / 그냥 공부를 포기하다 / 해라.

→ ______________________________

2. 보기 와 같이 대화를 완성하십시오.

> 보기 가 집을 정리한다 한다 하는 게 계속 미루게 돼요.
> 나 마음먹고 정리하든지 사람을 불러서 하든지 하세요.

1) 가 손님들이 드실 음식이 모자라는데 어떻게 하지요?

나 ______________________________ 하세요.

2) 가 가구를 싸게 사고 싶은데 어디에서 사는 게 좋아요?

나 ______________________________ 하는게 어때요?

3) 가 돈이 부족해서 이번 학기 등록을 못 할 것 같아요.

나 ______________________________ 해야겠네요.

4) 가 시간이 없는데 점심을 어떻게 하지? 먹지 말까?

나 ______________________________

5) 가 내일 잠깐 너를 보러 갈까 하는데 언제가 좋아?

나 ______________________________

16과 <1> 재활용과 재사용

어휘

1. 알맞은 단어를 골라서 (　　　) 안에 쓰십시오.

개성　사회적　심각하다　완성하다　증가하다　갈수록　환경 오염

1) 인간은 (　　　　　　) 동물이기 때문에 혼자서는 살 수 없다.
2) 한국어 능력 시험을 보는 사람의 수가 매년 크게 (　　　　　　)고 있다.
3) 한 학기 동안 힘들게 쓴 졸업 논문을 드디어 (　　　　　　)었다/았다/였다.
4) 세계 여러 나라가 (　　　　　　)을/를 줄이기 위해 다함께 노력하고 있다.
5) 외국 생활을 하는 기간이 길어지면서 고향에 대한 그리움이 (　　　　　　) 커지고 있다.
6) 이번 사진 전시회에서 그 작가만의 (　　　　　　)이/가 넘치는 작품들을 많이 볼 수 있었다.
7) 사람들이 아이를 많이 낳지 않는 것은 미래에 (　　　　　　)는/은/ㄴ 사회 문제가 될 것이다.

문법1　-게요

1. 알맞은 것을 골라서 보기 와 같이 쓰십시오.

정장을 입고 왔다	계속 기침을 하다
땀을 많이 흘리다	아직도 퇴근을 못 하다
얼굴 보기가 힘들다	휴대 전화만 계속 보고 있다

보기 요즘 바빠요? 얼굴 보기가 힘들게요.

1) 더워요? ____________________
2) 공부하기 싫어요? ____________________
3) 감기가 심한가 봐요. ____________________
4) 일이 아직 안 끝났어요? ____________________
5) 오늘 중요한 약속이 있어요? ____________________

2. 보기 와 같이 대화를 완성하십시오.

보기 가 오늘 무슨 일이 있어요? 학교 앞에 사람이 이렇게 많게요.
나 요즘 인기 있는 배우들이 드라마 촬영 때문에 학교 앞에 있대요.

1) 가 주앙 씨가 급한 일이 있나 봐요. ____________________
나 오늘은 다른 날보다 조금 일찍 아르바이트를 하러 가야 한대요.

2) 가 혹시 무슨 안 좋은 일이 있어요? ____________________
나 한국어 능력 시험 결과가 나왔는데 원하는 점수가 안 나와서 속상해요.

3) 가 그 영화가 그렇게 재미있어요? ____________________
나 네, 볼 때마다 또 다른 재미가 있어서 오늘도 또 보러 가려고요.

4) 가 여보세요? 우진 씨, ____________________
나 앞에서 사고가 나서 길이 많이 막혀요. 미안해요. 빨리 갈게요.

5) 가 ____________________
나 어제 과제를 하느라고 두 시간 밖에 못 잤더니 오늘 너무 졸리네요.

문법2 -던가요?

1. 보기 와 같이 쓰십시오.

보기 공연이 어땠어요? → 공연이 어떻던가요?

1) 여행지 날씨가 화창했어요? → ____________________
2) 식당이 몇 시에 가장 붐볐어요? → ____________________
3) 바다를 보니까 기분 전환이 됐어요? → ____________________
4) 인터넷 속도가 느려서 답답하지 않았어요? → ____________________
5) 기숙사 생활의 가장 좋은 점이 무엇이었어요? → ____________________

2. 보기 와 같이 대화를 완성하십시오.

흐엉 토요일에 불꽃 축제를 보고 왔어요.

윤아 그래요? 보기 불꽃 축제가 어떻던가요?

흐엉 밤 하늘에 불꽃이 터지는 모습이 참 아름답던데요.

윤아 1) ______________________

흐엉 네, 보러 온 사람이 정말 많았어요. 저는 오후 5시쯤 갔는데 이미 그때도 자리를 잡기가 쉽지 않았어요.

윤아 10월이라서 밤에는 좀 쌀쌀했을 것 같은데 2) ______________________

흐엉 춥지 않았어요. 친구들이 담요와 따뜻한 차를 가지고 왔거든요.

윤아 잘했네요. 그런데 축제가 7시부터인데 저녁은 어떻게 했어요? 거기에 3) ______________________

____

흐엉 음식을 파는 곳이 없다고 해서 불꽃 축제에 가기 전에 친구들하고 햄버거를 먹었어요. 배고플 때 먹으려고 김밥도 준비해 가지고 갔어요.

윤아 준비를 많이 했네요. 그런데 불꽃 축제 날은 근처 정류장에 버스나 지하철이 서지 않아서 집까지 걸어서 갔겠어요. 4) ______________________

흐엉 집까지 걸어서 한 시간쯤 걸렸어요. 친구들하고 이야기하면서 걸으니까 생각보다 금방 도착하던데요.

윤아 그렇군요. 집에 도착하니까 5) ______________________

흐엉 11시가 다 돼서 집에 들어갔어요. 좀 피곤했지만 즐거운 하루였어요.

16과 <2> 환경과 생활 습관

어휘

1. 알맞은 단어를 골라서 (   ) 안에 쓰십시오.

면	일회용품	불필요하다	다소	되도록

1) 나는 건강을 위해 채소와 과일을 (   ) 많이 먹으려고 노력한다.
2) 회사에서 해외 근무 지원 신청을 받고 있는데 자격 조건이 (   ) 까다롭다.
3) (   )는/은/ㄴ 에너지 사용을 줄이기 위해 생활 속에서 쉽게 할 수 있는 일들이 많이 있다.
4) (   )을/를 사용하면 설거지를 하지 않아도 돼서 편리하지만 환경을 위해서는 사용을 줄여야 한다.
5) 사람을 판단할 때 긍정적인 (   )을/를 먼저 보는 사람이 있는가 하면 부정적인 (   )을/를 먼저 보는 사람도 있다.

문법 1 -더니[3]

1. 보기 와 같이 쓰십시오.

> 보기 레오 씨가 밖으로 나갔다. 큰 상자를 들고 들어왔다.
> → 레오 씨가 밖으로 나가더니 큰 상자를 들고 들어왔다.

1) 형이 휴지를 가지고 왔다. 탁자를 닦았다.

→ ______________________________

2) 사람들이 버스에서 내렸다. 뛰기 시작했다.

→ ______________________________

3) 올리비아 씨가 극장 좌석에 앉았다. 휴대 전화를 껐다.

→ ______________________________

4) 윤아 씨가 가방을 열었다. 가방 안에서 물병을 꺼냈다.

→ ______________________________

5) 고양이가 햇빛이 잘 들어오는 창가로 갔다. 자기 시작했다.

→ ______________________________

2. 시험 기간에 본 친구들의 모습입니다. 보기 와 같이 대화를 완성하십시오.

	이름	먼저 한 행동	그 다음에 한 행동
보기	리타오	컴퓨터를 껐다.	책상 앞에 앉았다.
1)	유키	교과서 문제를 모두 풀었다.	숙제 공책을 꼼꼼하게 봤다.
2)	존	공부를 10분쯤 했다.	휴대 전화를 꺼내서 게임을 했다.
3)	에릭	우진 씨에게 전화를 했다.	퇴근 후에 말하기 시험 준비를 도와줄 수 있냐고 했다.
4)	노라	한참 동안 휴대 전화를 봤다.	방금 전부터 열심히 공부하기 시작했다.
5)	주앙	꾸벅꾸벅 졸았다.	갑자기 일어나서 커피를 마신다고 하면서 나갔다.

하늘 리타오 씨가 컴퓨터 게임을 안 하네요.

흐엉 네, 조금 전에 보기 컴퓨터를 끄더니 책상 앞에 앉던데요.

하늘 유키 씨는 공부를 정말 열심히 하네요.

흐엉 네, 1) ______________________ 숙제 공책도 꼼꼼하게 보더라고요.

하늘 존 씨는 시험 스트레스가 심한가 봐요. 휴대 전화만 보고 있네요.

흐엉 네, 2) ______________________ 휴대 전화를 꺼내서 게임을 하더라고요.

하늘 에릭 씨는 말하기 시험 때문에 걱정을 많이 하더니 준비를 많이 했대요?

흐엉 네, 그렇지 않아도 3) ______________________ 퇴근 후에 말하기 시험 준비를 도와줄 수 있냐고 하던데요.

하늘 노라 씨도 공부를 열심히 하는데요.

흐엉 4) ______________________

하늘 그러고 보니 주앙 씨가 안 보이네요. 오늘 같이 공부하는 게 아니었어요?

흐엉 5) ______________________

문법2 -도록 하다

1. 알맞은 것을 골라서 보기 와 같이 쓰십시오.

특별히 조심하다	반복하지 않다
신경 써서 준비하다	내일로 미루지 않다
신분증을 잘 챙겨 오다	과식이나 편식을 하지 않다

보기 중요한 행사니까 신경 써서 준비하도록 하세요.

1) 같은 실수를 ______

2) 오늘 할 일을 ______

3) 건강을 유지하기 위해서 ______

4) 신분증이 없으면 시험장에 들어갈 수 없다니까 ______

5) 장마철에 야외 활동을 하다 보면 사고가 나기 쉬우니까 ______

2. 보기 와 같이 대화를 완성하십시오.

보기 가 요즘 지각을 자주 하는군요.
나 죄송합니다. 앞으로는 늦지 않도록 하겠습니다.

1) 가 식사를 불규칙하게 해서 위장병이 생겼군요.
나 이제부터 ______

2) 가 몰라서 틀린 문제보다 아는 것인데 덜렁거려서 틀린 것들이 많네요.
나 네, 다음부터는 ______

3) 가 근무 시간 중에 업무와 관계없는 전화 통화는 하지 마세요.
나 알겠습니다. ______

4) 가 중요한 서류니까 제출하기 전에 한 번 더 확인해 보세요.
나 ______

5) 가 덥다고 해서 에어컨을 하루 종일 계속 틀면 감기에 걸릴 수도 있어요.
나 ______

17과 <1> 개인주의

어휘

1. 알맞은 단어를 골라서 (   ) 안에 쓰십시오.

사다	참석하다	귀를 기울이다	눈치를 보다	뭐라고 하다	손발을 맞추다

1) 연수 씨의 결혼식에 친구들 모두가 (   )겠다고 했다.

2) 형이 무슨 잘못을 했는지 오늘 계속 엄마의 (   )었다/았다/였다.

3) 대화할 때 제일 중요한 것은 다른 사람의 말에 (   )는/은/ㄴ 것이다.

4) 시험 시간에 옆 사람 쪽을 보면 선생님의 의심을 (   )게 된다.

5) 부모님께 말씀을 드리지 않고 늦게 집에 들어가면 부모님이 (   )으신다/신다.

6) 예전에 윤정 씨와 같은 부서에서 일해 봤기 때문에 이번에 윤정 씨와 함께 일하게 된다면 (   )기가 더 쉬울 것 같다.

문법1 -었을/았을/였을 텐데

1. 보기 와 같이 쓰십시오.

보기 내 가방이 꽤 무거웠을 텐데 아이는 무겁다고 불평하지 않고 4층까지 들어다 주었다.

1) 약이 아주 ____________________ 아이가 약이 쓰다고 불평하지 않았다.

2) 조카와 놀아주느라고 ____________________ 동생은 힘들다는 말을 하지 않았다.

3) 영수가 어제 늦게 들어와서 ____________________ 잠을 조금밖에 자지 않았다.

4) 내가 준 돈이 ____________________ 아이가 어떻게 책을 두 권이나 샀는지 모르겠다.

5) 혼자 하기에는 일이 ____________________ 영수가 그 일을 어떻게 다 했는지 모르겠다.

2. 보기 **와 같이 대화를 완성하십시오.**

> 보기 가 오늘 등산 모임이 있는 것을 깜빡했어요. 지금이라도 가 볼까요?
> 나 지금 10시예요. 모두 출발했을 텐데 다음에 가세요.

1) 가 환전을 해야 하는데 깜빡했어요. 은행에 빨리 갔다 올게요.
   나 지금 4시예요. 문을 ______________________ 가지 마세요.
2) 가 선생님께 숙제 공책을 내는 것을 깜빡했어요. 빨리 갖다 드려야겠어요.
   나 벌써 6시예요. 선생님께서는 이미 ______________________ 내일 내세요.
3) 가 오늘까지 봉사 활동 신청을 받는다고 했는데 깜빡했어요. 지금이라도 신청하러 가 볼까요?
   나 접수가 이미 ______________________
4) 가 선이한테 할 말이 있었는데 깜빡했어요. 비행기 안에서 전화를 받을 수 있을까요?
   나 글쎄요, 비행기 출발 시간이 거의 다 돼서 ______________________
5) 가 오늘 12시부터 콘서트 표 예매를 시작한다고 했는데 깜빡했어요. 빨리 예매해야겠어요.
   나 이미 ______________________

문법 1 -는 둥 마는 둥 하다

1. 보기 **와 같이 쓰십시오.**

> 보기 윤희가 선생님 말씀을 열심히 듣지 않는다.
> → 윤희가 선생님 말씀을 듣는 둥 마는 둥 한다.

1) 나는 어제 잠을 잘 자지 못했다.
   → ______________________
2) 진우가 밥이 맛이 없는지 별로 먹지 않았다.
   → ______________________
3) 주혁이가 책이 재미없는지 열심히 읽지 않는다.
   → ______________________
4) 나는 몸이 좀 안 좋아서 구경을 잘 하지 못했다.
   → ______________________
5) 친구가 바쁜지 내 질문에 대답을 잘 하지 않았다.
   → ______________________

2. 보기 와 같이 대화를 완성하십시오.

보기 가 학생 때 동아리 활동을 하셨어요?
나 네, 여행 동아리에 가입하기는 했는데 활동은 하는 둥 마는 둥 했어요.

1) 가 오늘은 영수 씨가 맥주를 많이 마시지 않는군요.
나 그러게요. 1시간 동안 맥주 한 잔을 가지고 ______________________ 고 있어요.

2) 가 대청소를 할 때 가족들도 자기가 맡은 곳을 열심히 청소해요?
나 열심히 청소하기는요. 그냥 ______________________ 어요/아요/여요.

3) 가 영수 씨가 무슨 급한 일이 있는 것 같지요?
나 그러게요. 아침에 일어나면 늘 30분 동안 씻는데 오늘은 ______________________ 고 급하게 나가 버렸어요.

4) 가 날마다 한국말로 일기를 쓰기 시작했다면서요? 열심히 쓰고 계세요?
나 아니요, 날마다 일기 공책을 펴 놓기는 하는데 ______________________ 어요/아요/여요.

5) 가 요즘 데이빗 씨가 수업을 열심히 듣지 않는 것 같아요.
나 네, 요즘 무슨 일이 있는지 ______________________ 어요/아요/여요.

17과 <2> 함께 사는 집

어휘

1. 알맞은 단어를 골라서 (　　　) 안에 쓰십시오.

공동생활	비교적	여럿	정기적	둘러보다	입주하다	쇠뿔도 단김에 빼라

1) 이 집은 지은 지 오래된 건물치고 (　　　　　　　) 깨끗하다.
2) 오래된 집에서만 살다가 새 아파트에 (　　　　　　　)을/ㄹ 생각을 하니까 정말 기분이 좋다.
3) 나는 고등학생 때부터 기숙사 생활을 해서 (　　　　　　　)에 익숙하다.
4) 사진으로 봤을 때는 집이 넓어 보이지 않았는데 직접 가서 (　　　　　　　)으니까/니까 생각보다 넓고 깨끗했다.
5) 혼자 했으면 시간이 많이 걸렸을 텐데 (　　　　　　　)이/가 같이 짐을 정리하니까 일찍 끝났다.
6) 이번 학기에 함께 공부한 반 친구들과 정이 들어서 다음 학기부터 한 달에 한 번 (　　　　　　　)으로/로 모임을 갖기로 했다.
7) 이 차가 마음에 드시는 것 같은데 구경만 하지 마시고 오늘 바로 결정하세요. (　　　　　　　　　　)는다는/ㄴ다 는/다는 말도 있잖아요.

문법 1 -는/은/ㄴ 만큼

1. 다음을 연결하고 보기 와 같이 쓰십시오.

보기 이번 영화는 좋은 평가를 받고 있다 •	• 시간을 낭비하지 않도록 계획을 잘 세워야 합니다.
1) 짙은 안개가 꼈다 •	• 실수하지 않도록 꼼꼼하게 준비해야 합니다.
2) 공부를 늦게시작했다 •	• 운전할 때 조심해야 해요.
3) 다음 주에 할 일이 많다 •	• 관람하러 오는 관객이 많을 것입니다.
4) 기숙사에서는 공동생활을 해야 한다 •	• 서로를 배려하는 태도를 가져야 한다는 것을 잊지 마시기 바랍니다.
5) 이번 행사는 아주 중요한 행사이다 •	• 다른 학생들보다 더 열심히 공부해야 한다는 부담감이 있습니다.

보기 이번 영화는 좋은 평가를 받고 있는 만큼 관람하러 오는 관객이 많을 것입니다.

1) ______________________________
2) ______________________________
3) ______________________________
4) ______________________________
5) ______________________________

2. 보기 와 같이 대화를 완성하십시오.

> 보기 가 다음 주에 장학생을 뽑는 시험이 있다면서요?
> 나 네, 맞아요. 몇몇 학생들은 장학생으로 뽑히지 못하면 방학 내내 아르바이트를 해야 하는 만큼 정말 열심히 공부하고 있어요.

1) 가 오늘 특별한 일이 있어요? 정말 예쁘게 입었군요.
   나 네, ____________________ 특별히 신경 써서 입었어요.
2) 가 이번 태권도 대회에서 우성 씨가 1등을 할 수 있을까요?
   나 그럼요, ____________________ 좋은 성적을 낼 거라고 믿어요.
3) 가 사장님, 이번에 오시는 손님들을 위해서는 어떤 음식을 준비할까요?
   나 ____________________ 맵지 않은 한식으로 준비해 주세요.
4) 가 선생님, 어머니가 퇴원하신 후에 집에서 생활하실 때 무엇에 신경 써야 할까요?
   나 음식에 신경 쓰셔야 해요. 어머님은 ____________________ 소화가 잘 되는 음식을 드셔야 합니다.
5) 가 손님, 어떤 여행 상품을 찾으십니까?
   나 이번 여행은 아버님 일흔 살 생신을 기념해서 가족들이 함께 가는 여행이에요. ____________________
   ____

문법2 -는다고/ㄴ다고/다고[1]

1. 알맞은 것을 골라서 보기 와 같이 쓰십시오.

시작이 반이다	세상에 공짜는 없다
금강산도 식후경이다	배보다 배꼽이 더 크다
고생 끝에 낙이 온다	돌다리도 두들겨 보고 건너라

> 보기 시작이 반이라고 고민만 하지 말고 빨리 시작합시다.

1) ____________________ 먼저 식사부터 합시다.
2) ____________________ 노력하지 않고 얻을 수 있는 것은 없어요.
3) ____________________ 혹시 실수가 있을지도 모르니까 다시 한번 확인해 봅시다.
4) ____________________ 지금은 좀 힘들어도 이 힘든 시간이 지나면 분명히 좋은 날이 올 거예요.
5) 올해 산 중고차가 고장 났는데 ____________________ 아무래도 차 값보다 수리비가 더 많이 들 것 같아요.

2. 보기 와 같이 대화를 완성하십시오.

다다익선	믿는 도끼에 발등 찍힌다
이심전심	호랑이도 제 말 하면 온다
작심삼일	고래 싸움에 새우 등 터진다

보기 가 김 과장님과 박 과장님이 사이가 나빠지면서 팀 분위기도 안 좋아졌다면서요?
나 네, 고래 싸움에 새우 등 터진다고 우리가 과장님들한테 혼나는 일이 많아졌어요.

1) 가 영수가 새해부터 중국어 공부를 시작했다면서요? 열심히 공부하고 있어요?
나 열심히 하기는요. ____________________

2) 선생님 무슨 일로 제임스 씨가 아직 학교에 안 왔을까요? 오늘 학교에 안 온대요?
제임스 선생님, 죄송합니다. 조금 늦었습니다.
선생님 하하, ____________________

3) 가 이번 봉사 활동에 15명이 신청했다면서요? 저도 하고 싶은데 지금이라도 신청해도 될까요?
나 ____________________
친구들도 많이 데리고 오세요. 사람이 많이 필요한 일이에요.

4) 사장 김 부장님이 회사의 돈 관리를 맡은 후부터 한 번도 문제가 생긴 적이 없어서 내가 얼마나 편한지 몰라.
정말 능력이 뛰어난 사람이야.
친구 ____________________
그렇게 믿다가는 큰일이 날 수도 있어. 아무 문제가 없을 때도 꼼꼼하게 살펴보는 게 좋아.

5) 가 여보세요, 윤희야, 나 선아야.
나 응, 선아야. ____________________

18과 <1> 사고방식의 변화

어휘 **1. 알맞은 단어를 골라서 (   ) 안에 쓰십시오.**

개념　경향　기성세대　투자　현실적　대비하다

1) 아이가 아직 어려서 돈에 대한 (   )이/가 없는 것 같다.
2) 태풍이 오고 있으니까 태풍에 (   )으라는/라는 안내 방송이 나왔다.
3) 우리 회사는 신제품 개발과 연구에 대한 (   )을/를 늘리고 있다.
4) 젊은 세대는 같이 일하는 것보다 혼자 일하는 것을 선호하는 (   )이/가 있다.
5) 아르바이트만으로 대학 등록금과 생활비를 모두 마련하는 것은 (   )으로/로 불가능하다.
6) 사회의 변화 속도가 빠를수록 (   )과/와 젊은 세대 사이의 갈등이 심해진다.

문법1 **-꼴로**

1. 보기 와 같이 쓰십시오.

보기 30초에 하나 / 이 과자가 팔린다.
→ 30초에 하나꼴로 이 과자가 팔린다.

1) 사흘에 한 번 / 음식을 먹고 체한다.

→ ______________________________

2) 50대 남성 10만 명 중 8명 / 위암에 걸리는 것으로 나타났다.

→ ______________________________

3) 미혼 직장 여성 2명 중 1명 / 결혼한 후에 직장을 그만둔다고 한다.

→ ______________________________

4) 10대들은 이틀에 한 번 / 인터넷 게임을 즐긴다는 조사 결과가 나왔다.

→ ______________________________

5) 초등학생 10명 중 3명 / 아침 식사를 하지 않고 학교에 간다고 한다.

→ ______________________________

2. **다음 뉴스 제목을 보고 보기 와 같이 대화를 완성하십시오.**

오늘의 뉴스

보기 미혼 여성 47.5% 결혼은 해도 좋고 하지 않아도 좋아
1) 국민, 73.6%, 외국인과 결혼해도 괜찮아
2) 연말, 음주 운전 교통사고, 하루 평균 50건
3) 대양 시장, 2010년 2015년 2019년에도 큰 화재 발생해
4) 자동차 구매자의 11%가 수입 차 선택해
5) 장영민 선수, 부상으로 10경기 중 6경기에 나가지 못해

보기 가 요즘은 결혼을 안 해도 된다고 생각하는 사람이 많은 것 같아요.
나 맞아요. 미혼 여성 2명 중 1명꼴로 결혼은 해도 좋고 하지 않아도 좋다고 생각한대요.

1) 가 외국인과 결혼하는 사람이 많아졌어요.
나 네, 국민 3명 중 ______________________________

2) 가 연말에 음주 운전을 하는 사람들 때문에 교통사고가 많이 난대요.
나 맞아요. 1시간에 ______________________________

3) 가 대양 시장에 화재가 자주 나는 것 같아요.
나 맞아요. 5년에 ______________________________

4) 가 요즘 운전하다가 보면 예전보다 수입 차가 많은 것 같아요.
나 맞아요. ______________________________

5) 가 요즘 장영민 선수가 경기에 잘 안 나오네요.
나 네, ______________________________

문법2 -는 수가 있다

1. 알맞은 것을 골라 보기 와 같이 쓰십시오.

사고가 나다	피부가 상하다
체하다	넘어지다
고장 나다	잊어버리다

보기 운전할 때 그렇게 휴대 전화를 보면 사고가 나는 수가 있어요.

1) 그렇게 급하게 밥을 먹으면 ____________________

2) 그렇게 휴대 전화를 자꾸 떨어뜨리면 휴대전화가 ____________________

3) 일정을 메모해 놓지 않으면 ____________________

4) 화장을 깨끗하게 지우지 않으면 ____________________

5) 그렇게 정신없이 뛰다가는 ____________________

2. 보기 와 같이 대화를 완성하십시오.

보기 가 오늘도 급한 일 때문에 아르바이트를 하러 못 갈 것 같아.
나 그렇게 자주 아르바이트를 빠지면 일자리를 잃는 수가 있어.

1) 가 지갑을 가지고 다니기 귀찮아서 카드만 손에 들고 다녀요.
나 그렇게 카드를 손에 들고 다니다가는 ____________________

2) 가 너무 추워서 주머니에서 손을 뺄 수가 없어요.
나 그렇게 주머니에 손을 넣고 걷다가는 ____________________

3) 가 저는 귀찮아서 선글라스를 못 끼겠어요.
나 이렇게 햇빛이 강한데 선글라스를 안 끼면 ____________________

4) 가 요즘 한 달에 두세 번은 염색을 하는 것 같아요.
나 ____________________

5) 가 설날에 고향에 가는 기차표를 아직도 안 샀어요.
나 ____________________

18과 <2> 도시의 변화

어휘

1. 알맞은 단어를 골라서 ( ) 안에 쓰십시오.

원래 꾸미다 둘러싸이다 떠올리다 부수다 끊임없이

1) 한국은 동쪽, 서쪽, 남쪽이 바다로 ( )어/아/여 있다.
2) 원래 있던 건물을 ( )고 새로 빌딩을 짓는 공사가 시작됐다.
3) 노라 씨는 퇴근 후 약속이 있는지 예쁘게 ( )고 출근했다.
4) 휴가철이어서 그런지 물놀이 사고 소식이 ( ) 들린다.
5) 윤아 씨는 어렸을 때 친구들과의 추억을 ( )으면서/면서 미소를 지었다.
6) 겨울 코트를 세일할 때 샀더니 ( )의 가격보다 훨씬 싸게 구입할 수 있었다.

문법 1 -으려나/려나 보다

1. 보기 와 같이 쓰십시오.

	상황	일어날 거라고 생각하는 일
보기	이삿짐센터 차가 오고 있다.	누가 이사를 가려나 봐요.
1)	올리비아 씨가 인터넷으로 요가복을 주문하고 있다.	
2)	어머니가 주방에서 프라이팬을 꺼내고 계신다.	
3)	윤아 씨가 큰 여행 가방을 꺼내서 짐을 싸고 있다.	
4)	노라 씨가 케이크도 사고 선물도 포장하고 있다.	
5)	하늘이 어두워지고 구름이 가득하다.	

2. 보기 와 같이 대화를 완성하십시오.

> 보기 가 아이가 노래 부르고 춤추는 걸 정말 좋아해요.
> 나 커서 가수가 되려나 봐요.

1) 가 이제 날씨가 많이 포근해졌어요. 꽃도 조금씩 피고 있고요.

나 봄이 ______________________________

2) 가 20분 후면 수업이 시작되는데 웨이 씨는 아직도 안 일어나요.

나 오늘 수업에 ______________________________

3) 가 어제 늦게까지 일을 했더니 몸이 좀 무거워요. 열도 조금 있는 것 같고요.

나 ______________________________

4) 가 내일이 시험인데 에릭 씨가 오늘 저녁에 고향에 간대요.

나 ______________________________

5) 가 존 씨가 저에게 어느 회사 컴퓨터를 사는 게 좋은지 물어봤어요.

나 ______________________________

문법2 하면

1. 보기 와 같이 쓰십시오.

> 보기 야경이 아름다운 곳 / N 서울 타워가 제일 먼저 떠오른다.
> → 야경이 아름다운 곳 하면 N 서울 타워가 제일 먼저 떠올라요.

1) 배낭여행 / 유럽이다.

→ ______________________________

2) 출퇴근 시간에 붐비는 곳 / 강남역이 제일 먼저 떠오른다.

→ ______________________________

3) 봄의 대표적인 꽃 / 한국 사람들은 개나리를 떠올린다.

→ ______________________________

4) 춤 / 우리 반 리나 씨를 빼놓을 수 없다.

→ ______________________________

5) 자동차 / 독일을 먼저 떠올릴 정도로 독일에는 세계적인 자동차 회사가 많다.

→ ______________________________

2. 한국어를 배우는 노라 씨가 하늘 씨에게 한국에 대해 물어봅니다. 보기 와 같이 완성하십시오.

노라 하늘 씨는 한국의 대표적인 음식이 뭐라고 생각해요?

하늘 보기 한국의 대표적인 음식 하면 김치와 비빔밥이지요.

노라 그래요? 그런데 김치로 만들 수 있는 요리가 많은가요?

하늘 네. 여러 가지 다양한 요리가 있지만 저는 **1)**______________ 김치찌개가 제일 먼저 생각나요.

노라 그렇군요. 그럼 외국인에게 추천할 만한 한국 음식은 뭐예요?

하늘 2)______________ 닭갈비가 제일 먼저 떠올라요. 좀 맵기는 하지만 정말 맛있어요.

노라 한번 먹어 봐야겠어요. 그럼 한국에서 역사가 깊은 도시는 어디예요?

하늘 3)______________ 경주지요. 옛날 신라의 수도였거든요.

노라 네. 그럼 사람들이 사계절 내내 많이 가는 관광지는요?

하늘 4)______________ 당연히 제주도지요.

노라 제주도요? 제주도에서 꼭 구경해야 할 것은 뭔가요?

하늘 5)______________ 한라산의 아름다운 풍경이에요.

노라 그렇군요. 하늘 씨가 이야기해 준 음식도 먹어 보고 관광지에도 한번 가 봐야겠어요.

어휘

1. 알맞은 단어를 골라서 (   ) 안에 쓰십시오.

독립 | 집세 | 고려하다 | 신중하다 | 철없다

1) 아무것도 모르고 (   )던 어린 시절이 그립다.
2) 요즘 경제가 안 좋아져서 매달 내야 하는 (   )을/를 걱정하는 사람들이 늘고 있다.
3) 전공을 선택할 때 여러 번 생각하고 (   )게 결정해야 한다.
4) 직장 생활을 시작하면 부모님과 같이 살지 않고 (   )을/를 하는 사람이 많다.
5) 집을 구할 때 교통, 시설, 주변 환경 등을 (   )어야/아야/여야 한다.

문법 1

-는다며/ㄴ다며/다며

1. 표를 보고 보기 와 같이 쓰십시오.

	혁수가 한 말	그 후에 혁수가 한 말이나 행동
보기	연말에는 명동에 가 봐야 한다.	나에게 같이 가자고 했다.
1)	도와 줘서 고맙다.	나에게 작은 선물을 줬다.
2)	제주도에서는 흑돼지를 먹어 봐야 한다.	흑돼지 식당으로 나를 데리고 갔다.
3)	한국 사람들은 비가 오는 날에는 빈대떡을 먹는다.	퇴근하는 길에 빈대떡을 사 가지고 왔다.
4)	노력을 하지 않으면 좋은 결과를 얻을 수 없다.	좋은 결과를 얻고 싶으면 최선을 다하라고 했다.
5)	갑자기 급한 회의가 생겼다.	동창들에게 다음에 만나자고 했다.

보기 혁수가 연말에는 명동에 가 봐야 한다며 나에게 같이 가자고 했다.

1) ______________________
2) ______________________
3) ______________________
4) ______________________
5) ______________________

2. 보기 와 같이 대화를 완성하십시오.

> 보기 가 윤진이는 지금 어디에 있어요?
> 나 집에 급한 일이 있다며 먼저 나갔어요.

1) 가 승호 씨는 오늘 모임에 나온다고 했어요?
   나 아니요, ______________________ 모임에 못 온다고 했어요.
2) 가 영주 씨는 휴가 때 무엇을 한다고 했어요?
   나 ______________________ 고향에 간다고 했어요.
3) 가 사장님은 내일 출장에서 돌아오신대요?
   나 아니요, ______________________ 다음 주에 돌아오신대요.
4) 가 준수 씨가 뭘 사러 마트에 갔어요?
   나 ______________________
5) 가 사라 씨가 한국학과에 원서를 넣었다면서요?
   나 ______________________

문법2 -을/ㄹ 따름이다

1. 다음을 연결하고 보기 와 같이 쓰십시오.

보기 아들이 어린 나이에 기타 실력을 인정받았다	놀랍다
1) 남자친구가 내 마음을 모른다	속상하다
2) 나 때문에 친구가 손해를 보게 됐다	미안하다
3) 내 잘못이 아닌데 부모님이 나를 야단치셨다	기쁘다
4) 내가 힘들 때 친구가 자기 일처럼 도와줬다	억울하다
5) 한국말 실력이 너무 빨리 늘었다	고맙다

> 보기 아들이 어린 나이에 기타 실력을 인정받아서 기쁠 따름이다.

1) ______________________
2) ______________________
3) ______________________
4) ______________________
5) ______________________

2. 보기 와 같이 대화를 완성하십시오.

> 보기 가 발표를 잘 했어요?
> 나 잘 모르겠어요. 그냥 발표가 끝나서 속이 시원할 따름이에요.

1) 가 제가 도움이 되었는지 모르겠습니다.

나 혼자 하기 힘들었는데 이렇게 도와 주셔서 ______________________________

2) 가 봉사 활동을 많이 하신다면서요? 정말 대단하세요.

나 아니에요, 이렇게 칭찬을 들으니까 ______________________________

3) 가 따님이 혼자 여행을 가셨다면서요?

나 네, 혼자 여행을 가서 위험하지 않을지 ______________________________

4) 가 정말 좋은 선물을 받으셨네요. 좋으시겠어요.

나 좋기는요, ______________________________

5) 가 1점 차이로 우승을 하지 못했다면서요?

나 ______________________________

19과 <2> 현재의 나, 미래의 나

어휘

1. 알맞은 단어를 골라서 (　　　) 안에 쓰십시오.

앞날　　내세우다　　이루어지다　　펼쳐지다　　한창

1) 일을 할 때 너무 자신의 의견만 (　　　　　　　)으면/면 다른 사람과 함께 일을 하는 것이 힘들어질 수가 있다.

2) 산 정상까지 힘들게 올라갔는데 눈앞에 (　　　　　　　)는/은/ㄴ 풍경이 정말 아름다워서 힘든 것을 다 잊었다.

3) 꿈을 위해 노력을 하면 언젠가 꿈이 (　　　　　　　)을/ㄹ 거예요.

4) 이 아이의 (　　　　　　　)에 행복한 일만 가득하기를 바란다.

5) 오랜만에 고향 집에 갔는데 부모님은 농사 준비로 (　　　　　　　) 바쁘셨다.

문법1 과연 -을까요/ㄹ까요?

1. 자신의 생각을 보기 와 같이 쓰십시오.

보기 사람들이 우산을 사용한 후에 지하철역에 다시 갖다 놓는다.
→ 사람들이 우산을 사용한 후에 과연 지하철역에 다시 갖다 놓을까요?

1) 아침을 먹지 않으면 살이 빠진다.

→ ____________________

2) 날마다 약속 시간에 늦게 오는 친구가 오늘은 일찍 온다.

→ ____________________

3) 우리 학교가 축구 대회에서 1등을 한다.

→ ____________________

4) 학생들이 문제를 풀 수 있다.

→ ____________________

5) 교실에서 휴대 전화를 사용할 수 있으면 학생들이 수업을 열심히 듣는다.

→ ____________________

2. 보기 와 같이 대화를 완성하십시오.

> 보기 가 이번에 새로 나온 세제로 빨래를 하면 새 옷처럼 깨끗해진대요.
> 나 그 세제를 사용하면 과연 새 옷처럼 깨끗해질까요?

1) 가 여기 햄버거 사진을 보니까 고기도 크고 채소도 많이 들어 있어서 맛있을 것 같아요. 우리 이 햄버거를 주문할까요?
나 ______

2) 가 회사 앞 식당에서 삼겹살을 혼자서 15인분을 먹으면 음식 값을 내지 않아도 된다고 해요.
나 ______

3) 가 저 신발은 오래 신고 있어도 허리가 아프지 않고 편하대요.
나 ______

4) 가 교과서만 열심히 공부하면 대학 입학 시험을 잘 볼 수 있대요.
나 ______

5) 가 새로 나온 청소기로 청소를 하면 미세 먼지까지 다 없앨 수 있대요.
나 ______

문법2 -어 가면서

1. 보기 와 같이 쓰십시오.

> 보기 나는 모르는 단어에 밑줄을 긋는다 / 한국어 책을 읽는다.
> → 나는 모르는 단어에 밑줄을 그어 가면서 한국어 책을 읽는다.

1) 친구는 눈물을 닦는다 / 이야기를 했다.
→ ______

2) 전에 그 일을 해 본 사람에게 물어본다 / 일을 한다.
→ ______

3) 상대방의 말을 듣는다 / 자신의 이야기를 해야 한다.
→ ______

4) 옆과 뒤를 본다 / 운전을 해야 한다.
→ ______

5) 오빠가 지도를 본다 / 길을 찾았다.
→ ______

2. 보기 와 같이 대화를 완성하십시오.

보기 가 오늘 일이 많아서 점심도 못 먹고 일하고 있어요.
나 아무리 바빠도 좀 쉬어 가면서 일하세요.

1) 가 우리 아이는 교과서밖에 읽지 않아요.
나 다른 책도 ______________________ 공부하는 게 좋다고 말해 주세요.

2) 가 2시간 동안 물 한 잔 안 마시고 계속 말을 했더니 목이 말라요.
나 ______________________ 이야기하세요.

3) 가 아까 공부하던 자리가 아니네요. 자리를 옮겼어요?
나 네, 저는 ______________________ 공부해요.

4) 가 영화를 볼 때 자막 없이 볼 수 있어요?
나 아니요, ______________________

5) 가 우리 부장님은 모든 일을 항상 혼자서 결정하세요.
나 ______________________

20과 <1> 설날

어휘

1. 알맞은 단어를 골라서 (   ) 안에 쓰십시오.

덕담　마찬가지　세뱃돈　맞이하다　쓸쓸하다　간신히　설마

1) 지훈 씨, (　　　　　　) 제 이름을 잊어버린 건 아니겠지요?
2) 설날에 받은 (　　　　　　)으로/로 갖고 싶던 게임기를 샀다.
3) 새해를 (　　　　　　)어서/아서/여서 건강과 행복이 가득하기를 기원했다.
4) 결혼하는 친구에게 오래오래 행복하게 살라고 (　　　　　　)을/를 해 주었다.
5) 읽기 시험에 모르는 단어가 많이 나와서 문제를 시험 시간 내에 (　　　　　　) 다 풀었다.
6) 올해 설날에도 작년과 (　　　　　　)으로/로 새해 첫 일출을 보러 아침 일찍 산에 갔다 왔다.
7) 아르바이트를 끝내고 밤에 혼자 집으로 걸어가는 길이 왠지 외롭고 (　　　　　　)었다/았다/였다.

문법1 이야/야

1. 보기 와 같이 쓰십시오.

보기 돈 / 있을 때도 있고 없을 때도 있다 / 걱정하지 마세요.
→ 돈이야 있을 때도 있고 없을 때도 있으니까 걱정하지 마세요.

1) 나 / 요즘은 특별한 일이 없다 / 언제든지 시간을 낼 수 있어.

→ ______________________________

2) 책 / 옆 사람과 같이 보면 된다 / 책이 없어도 수업에 오세요.

→ ______________________________

3) 만두 / 내가 정말 좋아하는 음식이다 / 몇 접시라도 먹을 수 있어.

→ ______________________________

4) 대도시 / 대중교통이 발달되어 있다 / 자기 차가 없어도 불편하지 않아요.

→ ______________________________

5) 소나기 / 잠깐 내리다가 금방 그친다 / 지금 나가지 말고 여기서 좀 기다리세요.

→ ______________________________

2. 보기 와 같이 대화를 완성하십시오.

	이름	맡은 일	그렇게 하기로 한 이유
보기	윤아	설문지	동아리 친구들에게 돌리면 된다.
1)	예지	설문 결과 정리	컴퓨터 프로그램을 사용하면 쉽게 할 수 있다.
2)	은호	발표지	고등학교 때부터 많이 만들어 봤다.
3)	지수	영상 촬영	내 전공이다.
4)	소현	발표	발표 내용만 정리되면 어렵지 않게 할 수 있다.
5)	조원 모두	발표 연습	한두 시간이면 다 할 수 있다.

소현 발표 주제가 정해졌으니까 설문지부터 만들어서 돌려야 될 것 같아. 설문지를 누가 담당하면 좋을까?

윤아 내가 할게. 보기 설문지야 동아리 친구들에게 돌리면 돼.

소현 그래. 그 다음에 설문지를 받아서 설문 결과를 정리해야 하는데 누가 할래?

예지 내가 할게. 1) ____________________ 으니까/니까 내가 하면 돼.

소현 그래. 자료 준비가 끝나면 발표지를 만들어야 하는데 그건 누가 할래?

은호 내가 만들게. 2) ____________________ 으니까/니까 별로 부담스럽지 않아.

소현 좋아. 그리고 내용과 관련된 영상이 들어가면 좋을 것 같은데 지수 전공이 영상 촬영이지? 네가 맡아 줄래?

지수 그래. 3) ____________________ 으니까/니까 얼마든지 할 수 있어.

소현 그럼 발표는 내가 할게. 4) ____________________ 어/아/여. 발표가 화요일인데 월요일에 연습을 하면 될까?

예지 응, 5) ____________________ 으니까/니까 월요일 오후에 만나자.

문법2 -으라고/라고

1. 다음을 연결하고 보기 와 같이 쓰십시오.

보기 "여행할 때 써."	●·········●	부모님께서 돈을 보내 주셨어요.
1) "졸지 마."	● ●	집안 어른들께 세배를 드렸어요.
2) "시험을 잘 봐!"	● ●	친구에게 찹쌀떡과 엿을 사 줬어요.
3) "새해 복 많이 받으세요."	● ●	친구가 저에게 캔 커피를 줬어요.
4) "우리가 함께 보낸 시간을 잊지 마."	● ●	동료가 저에게 와인을 한 병 줬어요.
5) "좋은 일이 있을 때 마셔요."	● ●	반 친구들이 저에게 편지를 써 줬어요.

보기 여행할 때 쓰라고 부모님께서 돈을 보내 주셨어요.

1) ____________________

2) ____________________

3) ____________________

4) ____________________

5) ____________________

2. 보기 와 같이 대화를 완성하십시오.

보기 가 윤아 씨, 남자 친구 생일에 무슨 선물을 줬어요?
나 볼 때마다 저를 생각하라고 저를 닮은 인형을 선물했어요.

1) 가 처음 보는 코트를 입었군요. 따뜻해 보여요.
나 ____________________ 형이 사 줬어요.

2) 가 아이들에게 휴대 전화를 너무 일찍 사용하게 하는 것은 좋지 않은 것 같아요.
나 그건 ____________________ 부모님들이 사 주는 거예요.

3) 가 이 회사에는 직원들을 위한 편의 시설이 많군요.
나 네, 얼마 전에는 ____________________ 사장님이 휴게실에 마사지 의자도 사 놓으셨어요.

4) 가 어버이날에 부모님께 무슨 선물을 드렸어요?
나 ____________________

5) 가 친구에게 왜 문자 메시지를 보냈어요?
나 ____________________

20과 <2> 추석

어휘

1. 알맞은 단어를 골라서 (   ) 안에 쓰십시오.

보름달　　조상　　커다랗다　　슬슬　　차례 상

1) 시간이 늦었는데 이제 (   ) 자리를 정리할까요?
2) 오늘 밤하늘에 뜬 (   )은/는 특히 더 크고 밝은 것 같다.
3) 아이는 자기 키만 한 (   )는/은/ㄴ 곰 인형을 선물로 받고 활짝 웃었다.
4) 설날 아침에는 준비해 놓은 음식을 (   )에 올려 놓고 가족 모두가 차례를 지낸다.
5) 옛날 사람들은 집안에 좋은 일이 생기는 것이 (   ) 덕분이라고 생각했다.

문법 1　-게[2]

1. 알맞은 것을 골라서 보기 와 같이 쓰십시오.

잠 좀 자다	여럿이 나눠 먹다
자전거가 지나가다	머리를 좀 식히다
가지고 다니면서 쓰다	그릇이 깨지지 않다

보기 자전거가 지나가게 조금만 비켜 주세요.

1) ______________________________ 잘 포장하세요.
2) ______________________________ 불 좀 꺼 주세요.
3) ______________________________ 여행을 가는 게 어때?
4) ______________________________ 노트북을 사는 건 어때?
5) ______________________________ 음식을 넉넉히 사 오세요.

2. 보기 와 같이 대화를 완성하십시오.

> 보기 가 요즘 감기가 유행이래요.
> 나 맞아요. 감기에 걸리지 않게 마스크를 쓰고 다니세요.

1) 가 아침에 일어나는 게 너무 힘들어.

나 그럼 ______________________________ 내가 아침마다 전화해 줄까?

2) 가 여러 사람과 한집에서 공동생활을 한다는 것이 쉬운 일은 아닌 것 같아요.

나 네, 공동생활을 할 때는 ______________________________ 항상 신경 써야 해요.

3) 가 눈이 와서 길이 많이 미끄러워요.

나 정말 그렇네요. ______________________________ 조심해야겠어요.

4) 가 휴대 전화를 자주 잃어버려요.

나 ______________________________

5) 가 제가 외국에 혼자 나와서 살고 있으니까 부모님이 늘 제 걱정을 많이 하세요.

나 ______________________________

문법2 -으랴/랴 -으랴/랴

1. 보기 와 같이 쓰십시오.

> 보기 시험공부를 하다 / 보고서를 쓰다 / 정신없이 바쁘다.
> → 시험공부를 하랴 보고서를 쓰랴 정신없이 바쁘다.

1) 동호회 활동을 하다 / 학원에 다니다 / 주말에도 바쁘다.

→ ______________________________

2) 경치를 구경하다 / 사진을 찍다 / 시간 가는 줄 몰랐다.

→ ______________________________

3) 교수님 설명을 듣다 / 들은 내용을 메모하다 / 정신이 없었다.

→ ______________________________

4) 학교에 다니다 / 밤늦게까지 아르바이트를 하다 / 항상 피곤하다.

→ ______________________________

5) 낮에는 회사에서 일하다 / 밤에는 집안일을 하다 / 몸이 열 개라도 모자란다.

→ ______________________________

2. 보기 와 같이 대화를 완성하십시오.

> 보기 가 주말에 집에서 잘 쉬었어요?
> 나 아니요, 집을 청소하랴 밀린 빨래를 하랴 하루 종일 바빴어요.

1) 가 발표 준비 때문에 밤을 새웠다면서요?
   나 네, ______________________ 정말 바빴어요.

2) 가 내일 고향에 간다고 했지요? 고향 갈 준비는 다 했어요?
   나 아니요, ______________________ 며칠 동안 너무 바빴어요.

3) 가 한국어 능력 시험을 처음 봤는데 어땠어요?
   나 ______________________ 정신이 없었어요.

4) 가 고향에서 친구들이 왔다면서요? 친구들하고 하루 종일 같이 있었어요?
   나 네, ______________________

5) 가 식당 아르바이트가 처음이었지요? 일해 보니까 어땠어요?
   나 ______________________

모범 답안(교재)

11-1 효율적인 시간 관리

☆ 어휘

1) 점검합니다 2) 실천하려고 3) 행동으로 옮기면
4) 만족스럽습니다 5) 불만족스러울 6) 반성한

☆ 문법1

1) 구입한 에어컨이 배달되었는데 배달이 된 에어컨의 온도가 표시되는 화면에 금이 갔다든가 한쪽의 색이 벗겨졌다든가 하면 에어컨을 배달해 준 회사에 에어컨을 새 것으로 교환해 달라고 할 수 있어요.
2) 가게에서 산 라면 봉지에 유통 기한이 쓰여 있지 않다든가 과자 봉지에 쓰여 있는 유통 기한을 알아보기 어렵다든가 하면 산 곳에서 교환을 해 달라고 할 수 있어요.
3) 사람들이 식당에서 같이 밥을 먹은 후 모두들 배가 아프다든가 설사를 한다든가 할 때는 식당에서 치료비를 받을 수 있어요.
4) 인터넷 쇼핑몰에서 산 청소기가 인터넷 쇼핑몰에서 설명한 것과 다르게 힘이 약하다든가 청소기를 돌릴 때 소리가 너무 시끄럽디든가 하면 반품할 수 있어요.
5) 휴대 전화를 샀는데 화면이 커지지 않는다든가 화면의 움직임이 느리다든가 할 때는 서비스센터에서 새 기계로 바꿀 있다.

☆ 문법2

1) 리타오: 친구 집들이에 갈 때 무슨 선물을 하면 좋아요?
노 라: 한국 사람들은 비누나 휴지를 많이 선물한다니까 리타오 씨도 이런 걸 선물하세요.
2) 리타오: 필요한 가구가 있는데 어디에 가면 싸게 살 수 있어요?
노 라: 재활용 센터에서 가구를 싸게 살 수 있다니까 한번 가 보세요.
3) 리타오: 조금 싸게 영화를 보는 방법이 있어요?
노 라: 아침 일찍 시작하는 영화표가 싸다니까 아침 일찍 영화관에 가서 영화를 보세요.
4) 리타오: 제주도에는 언제 가는 것이 가장 아름다워요?
노 라: 제주도에는 봄에 유채꽃이 피어서 아름답다니까 봄에 가는 것이 좋을 것 같아요.
5) 리타오: 좋은 공연을 좀 소개해 주세요.
노 라: 한국 가수의 콘서트가 볼 것도 많고 재미있다니까 한번 보러 가세요.

☆ 연습해 봅시다

1) 친구: 지금 사는 기숙사에서 다음 학기부터는 살 수 없게 됐어.
우진: 그럼 하숙집으로 이사를 간다든가 원룸으로 이사를 간다든가 해야겠네.
친구: 응, 그런데 하숙집이나 원룸은 기숙사보다 비쌀 것 같아서 걱정이야.
우진: 싸고 좋은 방을 소개해 주는 인터넷 사이트가 있다니까 인터넷으로 한번 찾아 봐.
친구: 그래야겠다. 고마워.
2) 친구: 요즘 일이 많아서 건강이 나빠졌어.
우진: 그럼 일을 줄인다든가 운동을 한다든가 해.
신구: 나도 그렇게 하고 싶은데 시간이 없어.
우진: 사무실에서 할 수 있는 간단한 운동이 많이 있다니까 시간이 날 때마다 간단한 운동이라도 좀 해 봐.
친구: 걱정해 줘서 고마워. 꼭 그렇게 할게

11-2 도심 속 자연

☆ 어휘

1) 눈이 높다 2) 발이 넓어서 3) 입이 짧아서
4) 입에 담기도 5) 눈이 빠지게 기다렸다
6) 길눈이 어두워서 7) 발이 묶였다 8) 입이 무거워서

☆ 문법1

1) 올리비아 씨는 기회가 되면 일본에서 일할 거라고 하더니 일본 회사에서 일을 하고 있다고 해요.
2) 리타오 씨는 전에 한국어 능력 시험공부를 열심히 하더니 6급을 받았어요.
3) 노라 씨는 한국 대학원에서 음악 공부를 하고 싶다고 하더니 대학원에 입학하려고 준비하고 있대요.
4) 존 씨는 돈을 많이 모을 거라고 하더니 열심히 저축을 하고 있대요.
5) 주앙 씨는 시간이 나면 늘 여행을 가더니 이번 휴가 때도 여행을 갔어요.

☆ 문법2

1) 우진이는 텔레비전을 켰다 하면 꼭 축구를 봐요. 축구를 보면 일 때문에 쌓인 스트레스를 풀 수 있다고 해요.
2) 우진이는 봄이 되었다 하면 꼭 여의도에 꽃구경을 하러 가자고 해요. 우진이와 꽃구경을 하러 가면 제 마음도 밝아지는 것 같아요.
3) 우진이는 책을 읽기 시작했다 하면 항상 다 읽을 때까지 방에서 나오지 않아요. 앞부분을 읽으면 뒤의 이야기가 궁금해져서 참을 수가 없다고 해요.
4) 우진이는 집에 손님이 왔다 하면 항상 직접 음식을 만들어서 대접해요. 초대한 사람들에게 직접 만든 음식을 대접하면 손님들도 좋아하고 우진 씨의 기분도 좋아진다고 해요.
5) 우진이는 스트레스를 받았다 하면 꼭 책상 정리를 해요. 책상을 정리하면 우진 씨의 마음도 정리가 되는 것 같다고 해요

☆ 연습해 봅시다

1) 은희는 좋아하는 사람을 만났다 하면 말을 잘 못했어요. 그런데 은희가 동준이와 한번 오래 이야기를 하더니 수줍음을 타지 않고 이야기를 잘 하게 되었어요.
2) 승준이는 책을 폈다 하면 금방 잠이 들었어요. 그런데 책 읽는 동아리에 가입하더니 책을 좋아하게 되었어요.

◆ 복습

1. 1) 온통 2) 구체적으로 3) 계획적
4) 미루 5) 낭비할 6) 점검해 7) 틈틈이
8) 실천할

2. 1) 누웠다 하면 2) 운동을 한다든가 영화를 본다든가
3) 가더니 4) 좋다니까

12-1 예절과 언어 표현

☆ 어휘

1) 공손하 2) 연령이나(지위나) 3) 지위(연령) 4) 말을 놓을
5) 격식적

☆ 문법1

1) 에릭: 이 일을 내일까지 끝내야 하는데 걱정이에요. 끝낼 수

있겠지요?

윤아: 일이 너무 많아서 밤을 새운다고 해도 힘들겠어요. 제가 도와 드릴까요?

2) 에릭: 열심히 공부했는데 한국어 실력이 늘지 않아서 공부를 포기하고 싶어요.

윤아: 지금 한국어 실력이 늘지 않는다고 해도 포기하지 마세요. 꾸준히 연습하면 틀림없이 늘 거예요.

3) 에릭: 윤아 씨는 지금 하는 일이 좋으세요? 저는 다시 태어나면 다른 일을 할 것 같아요.

윤아: 저는 다시 태어난다고 해도 이 일을 계속하고 싶어요.

4) 에릭: 내일은 태풍이 온다고 하는데 우리 학교 건물 유리창은 괜찮을까요? 깨지지 않을까요?

윤아: 태풍이 온다고 해도 건물 유리창이 깨지지는 않을 거예요. 걱정하지 마세요.

5) 에릭: 서울에서 집을 사고 싶은데, 한 2~3년 정도 월급을 모으면 살 수 있을까요?

윤아: 월급을 모두 모은다고 해도 서울의 집을 사기는 힘들 거예요. 서울 물가가 아주 비싸거든요.

☆ 문법2

1) 저는 부모님 말씀을 잘 듣지 않은 것이 제일 후회돼요. 부모님 말씀을 잘 들을 걸 그랬어요.
2) 저는 회사를 그만둔 것이 제일 후회돼요. 회사를 그만두지 말 걸 그랬어요.
3) 저는 술을 너무 많이 마신 것이 제일 후회돼요. 술을 너무 많이 마시지 말 걸 그랬어요.
4) 저는 젊을 때부터 돈을 모으지 않은 것이 제일 후회돼요. 젊을 때부터 돈을 모을 걸 그랬어요.
5) 저는 젊을 때 여행을 많이 다니지 않은 것이 제일 후회돼요. 젊을 때 여행을 많이 다닐 걸 그랬어요.

☆ 연습해 봅시다

1) 유키: 왜 이렇게 치즈를 많이 샀어?

주앙: 80% 싸게 팔아서 많이 샀어.

유키: 아무리 싸게 판다고 해도 적당히 사지.

주앙: 그러게. 치즈가 이렇게 맛이 없을 줄 알았으면 많이 사지 말 걸 그랬어.

2) 유키: 왜 이렇게 숙제를 계속 미뤘어?

주앙: 마음만 먹으면 금방 할 수 있을 것 같아서 미뤘어.

유키: 금방 할 수 있을 것 같다고 해도 미리 하지.

주앙: 그러게. 숙제가 이렇게 많이 쌓일 줄 알았으면 숙제를 미루지 말 걸 그랬어.

12-2 문화 차이

☆ 어휘

1) 고유문화 2) 주거 문화 3) 접했어요 4) 받아들이 5) 문화 차이를 6) 문화 충격을

☆ 문법1

1) 급하게 찾은 것치고 집이 괜찮아.
2) 집이 번화가에 있는 것치고 별로 시끄럽지 않아.
3) 한국의 삼각 김밥은 값이 싼 것치고 맛있어서 자주 먹어.
4) 한국에서 지낸 지 한 달 된 것치고 친구가 많이 생겼어.
5) 처음 만들어 본 것치고 잘 만들었어.

☆ 문법2

1) 마치 하늘에 구멍이 뚫린 것처럼 비가 많이 왔어요.
2) 네, 그곳의 경치가 마치 이 세상의 풍경이 아닌 것처럼 아주 아름다웠어요.
3) 마치 과거로 시간 여행을 간 것처럼 신기하고 재미있었어요.
4) 네, 별이 마치 하늘에서 쏟아질 것처럼 많았어요.
5) 마치 꿈 속에 있는 것처럼 행복하고 좋네요.

☆ 연습해 봅시다

1) 하늘: 외국 학생들의 세계 음식 축제도 참 좋네요.

존: 맞아요. 마치 그 나라에 직접 가서 먹는 것처럼 맛있어요.

하늘: 그렇지요? 학생들이 만든 것치고 맛이 정말 훌륭해요.

2) 하늘: 태권도 동아리 공연도 대단하네요.

존: 네, 학생들이 마치 하늘을 날아오르는 것처럼 높이 뛰는 모습이 놀라워요.

하늘: 맞아요. 태권도 동아리는 회원들이 취미로 하는 것치고 실력이 좋아요.

◆ 복습

1. 1) 왠지 2) 간혹 3) 숙이 4) 놓 5) 존댓말을 6) 무조건 7) 건네면서 8) 인간관계가

2. 1) 배울 걸 그랬어. 2) 처음 한 요리치고 3) 여러 번 만들어 본 것처럼 4) 배운 적이 없다고 해도

13-1 여행과 날씨

☆ 어휘

1) 짙 2) 걷히 3) 굵어지는 4) 일교차가 5) 벌어지

☆ 문법1

1) 영희: 약국에 간 김에 비타민도 샀어.

2)~3) 윤아: 네 빨래를 하는 김에 내 것도 같이 해 줄래? 그리고 세탁소에 가니? 네 옷을 맡기는 김에 저 코트도 같이 맡겨 줄래?

4) 영희: 알았어. 그리고 저 책들 반납해야 하는 거지? 내가 도서관에 가는 김에 네 책도 반납할게.

5) 윤아: 그리고 너도 봉사 활동을 신청하니? 혹시 신청하면 네 신청서를 내는 김에 내 것도 같이 내 줄래?

☆ 문법2

1) 어머니: 그리고 20대는 휴대 전화라고 대답했대.

영 희: 맞는 말인 것 같아요. 저만 해도 이 휴대 전화를 쓴 지 1년밖에 안 됐는데 새로운 것으로 바꿀까 생각중이거든요.

2) 어머니: 30대는 남자 화장품이라고 대답했대.

영 희: 맞는 말인 것 같아요. 제 남자 친구만 해도 요즘 남자 화장품에 관심이 많아졌어요.

3) 어머니: 40대는 자동차라고 대답했대.

영 희: 맞는 말인 것 같아요. 삼촌만 해도 차를 바꿀 때가 됐다고 하면서 무슨 차로 바꿀지 계속 고민하고 계시잖아요.

4) 어머니: 50대는 건강식품이라고 대답했대.

영 희: 맞는 말인 것 같아요. 아버지만 해도 요즘 건강이 안 좋아졌 다고 하면서 날마다 건강식품을 챙겨 드시잖아요.

5) 어머니: 그리고 젊은 세대일수록 온라인 매장을 이용하는 비율이 높은 것으로 나타났대.

영 희: 맞는 말인 것 같아요. 어머니와 저만 해도 어머니는 보통 직접 매장에 가서 쇼핑을 하시지만 저는 인터넷으로 사는 물건이 훨씬 많잖아요.

☆ **연습해 봅시다**

1) 흐엉: 가을에 축제를 하는 곳이 많다더라.
연희: 맞아. 이곳 강릉만 해도 내일부터 이틀 동안 축제를 한다고 들었어.
흐엉: 그래? 그럼 강릉에 온 김에 축제도 구경할까?
2) 흐엉: 호텔에서 관광이나 체험 프로그램도 예약할 수 있다더라.
연희: 맞아. 지금 예약하려고 하는 이 호텔만 해도 여러 가지 프로그램을 같이 예약하면 할인을 받을 수 있대.
흐엉: 그래? 그럼 우리 이 호텔을 예약하는 김에 체험 프로그램도 몇 개 같이 예약할까?

13-2 혼자 떠나는 여행

☆ **어휘**

1) 재충전하 2) 시야를 넓히 3) 마음이 여유로워지고
4) 스트레스가 사라졌습니다 5) 새롭게 깨달은/깨닫는

☆ **문법1**

1) 하늘: 염색을 자주 하다가는 머리카락이 상할 수도 있어요.
2) 윤아: 쇼핑을 많이 하다가는 나중에 생활비가 모자랄 텐데요.
3) 하늘: 단 음식을 많이 먹다가는 살이 많이 찔 텐데요./ 건강이 나빠질 텐데요.
4) 윤아: 저렇게 공부를 안 하다가는 시험에 떨어질 텐데요.
5) 하늘: 이렇게 계속 이야기하다가는 발표 준비를 하나도 못 할 것 같아요. 이제 시작해요.

☆ **문법2**

1) 감기에 걸리게 마련입니다
2) 눈이 건조해지게 마련입니다
3) 간이 약해지게/나빠지게 마련입니다
4) 밖에 나가는 것이 귀찮아지게 마련입니다
5) 머리카락이 빠지고 하얀 머리카락도 생기게 마련입니다

☆ **연습해 봅시다**

1) 친구: 아이가 중학생이 된 이후 밥도 많이 먹고 간식도 많이 먹어요. 하루에 식사를 5번 할 때도 있어요. 이렇게 먹다 가는 금방 뚱뚱해질 것 같아요.
노라: 청소년기에 키가 많이 자랄 때는 아이들이 많이 먹게 마련이에요. 크게 걱정할 일은 아닌 것 같아요.
2) 친구: 어제 회사에서 새로 맡은 일을 하다가 실수를 많이 해서 과장님 께 혼났어요. 이렇게 계속 실수를 많이 하다가는 쫓겨날 것 같아요.
노라: 처음 하는 일은 누구나/ 뭐든지 처음하면/ 익숙하지 않은 일을 하면 실수하게 마련이에요. 계속 일하다 보면 익숙해질 테니까 너무 걱정하지 마세요.

◆ **복습**

1. 1) 화창해요 2) 뿌연 3) 식힐
4) 벗어나서 5) 발길 6) 여유로워요
7) 사라지는 8) 석양

2. 1) 확인하시는 김에 2) 떨어지다가는
3) 배우 이성열 씨만 해도 4) 언젠가 기회가 오게 마련이에요.

14-1 방송과 영상

☆ **어휘**

1) 시청자 2) 진행자 3) 출연자를 4) 사회를 보
5) 평가자 6) 담당할

☆ **문법1**

1) 다음 휴가 때 서울에 오신다고요?
2) 아버지와 같이 오신다고요?
3) 비행기 표를 예매한다고?
4) 어디에서 예매하면 저렴한지 알아보겠다고.
5) 여자 친구도 같이 만나자고요?

☆ **문법2**

1) 그때 제가 용기를 내지 않았더라면 한국에 유학을 가지 못했을 거예요.
2) 친구들을 만나지 못했더라면 유학 생활이 외로웠을 거예요.
3) 친구들과 같이 여행을 갔더라면 추억을 많이 만들 수 있었을 거예요.
4) 그때 한국어 공부를 포기했더라면 한국 회사에 입사하지 못했을 거예요.
5) 한국에서 만난 친구들의 이메일을 적어 놓았더라면 계속 연락할 수 있었을 거예요.

☆ **연습해 봅시다**

1) 윤아: 저는 대학 때 동아리 활동을 거의 하지 않았어요.
에릭: 윤아 씨가 동아리 활동을 많이 안 했다고요?
윤아: 네, 그때 동아리 활동을 열심히 했더라면 다른 과 친구들도 사귈 수 있었을 텐데 아쉬워요.
2) 윤아: 회사 면접시험을 볼 때 너무 긴장을 해서 제대로 대답을 못했어요.
에릭: 윤아 씨가 면접시험 때 제대로 대답을 못했다고요?
윤아: 네, 그때 대답을 잘했더라면 합격할 수 있었을 텐데 아쉬워 요.

14-2 1인 방송

☆ **어휘**

1) 기획을 2) 편집 3) 생중계를 4) 양방향 5) 조회 수를

☆ **문법1**

1) 유키 씨가 노인 이혼 문제에 관한 기사를 읽고 있어요.
2) 리타오 씨가 중국의 음식 문화에 관한 책을 찾고 있어요.
3) 노라 씨가 한국의 대학 교육에 관한 토론회에서 발표하고 있어요.
4) 주앙 씨가 생활 습관과 건강에 관한 다큐멘터리를 보고 있어요.
5) 올리비아 씨가 한류의 효과에 관한 보고서를 쓰고 있어요.

☆ **문법2**

1) 인턴을 한 적이 있다면야 합격할 가능성이 더 높지.
2) 성격이 꼼꼼하다면야 낯을 조금 가리는 것은 크게 문제가 되지 않아.
3) 경제학을 공부하고 싶은 마음이 있다면야 얼마든지 공부할 수

있지.
4) 전공 수업 때 열심히 한다면야 외국인도 얼마든지 따라갈 수 있어.
5) 관련 자격증이 있다면야 좀 더 쉽게 취직할 수 있지.

☆ **연습해 봅시다**

1) 하늘: 한류의 인기 비결에 관한 발표를 3일 안에 준비해야 하는데 할 수 있을까요?
   선배: 다른 것은 안하고 그 발표만 준비한다면야 3일 안에 할 수 있지.
2) 하늘: 세계 여러 나라의 여가 문화에 관한 보고서를 1주일 안에 써야 하는데 할 수 있을까요?
   선배: 지금까지 모은 자료를 잘 정리한다면야 얼마든지 1주일 안에 끝낼 수 있지.

◆ **복습**

1. 1) 소재로 2) 예능 3) 끌
4) 출연자 5) 흥미롭다 6) 진행자는
7) 참여한/참여하는 8) 그때그때

2. 1) 1인 방송 제작 과정에 관한 2) 봤냐고요?
3) 계속 했더라면 4) 마음이 있다면야

15-1 남산 둘레길

☆ **어휘**

1) 고래 싸움에 새우 등 터진다 2) 돌다리도 두들겨 보고 건너라
3) 그림의 떡 4) 호랑이도 제 말 하면 온다
5) 믿는 도끼에 발등 찍힌다 6) 고생 끝에 낙이 온다
7) 시작이 반이다 8) 배보다 배꼽이 크다

☆ **문법1**

1) 어떤 사람은 인터넷으로 쇼핑을 하는가 하면 어떤 사람은 동대문 시장 같은 곳에 직접 가서 쇼핑을 해요.
2) 꼭 그렇지는 않아요. 노래를 잘 부르는 사람이 있는가 하면 노래를 잘 못 부르는 사람도 있어요.
3) 어떤 사람은 친구들과 만나서 맛집에 가서 맛있는 음식을 먹는가 하면 어떤 사람은 친구들과 같이 취미 생활을 즐겨요.
4) 어떤 학생은 아르바이트를 하는가 하면 어떤 학생은 아르바이트를 하지 않아요.
5) 드라마를 즐겨 보는 사람이 있는가 하면 예능 프로그램이나 인터넷 방송을 즐겨 보는 사람도 있어요.

☆ **문법2**

1) 휴대 전화를 이용하는 사람들이 휴대 전화를 보는 횟수는 하루 평균 90회라는 조사 결과가 나왔어요.
2) 휴대 전화를 10시간 이상 사용한다는 사람이 18.4%였어요.
3) 휴대 전화로 가장 많이 하는 것은 채팅이라는 대답이 제일 많았어요.
4) 휴대 전화를 침대에서 사용하는 것이 가장 안 좋다는 의견이 1위였어요.
5) 스스로 휴대 전화 중독이라고 생각하냐는 질문에 휴대 전화 중독이 아니라는 대답이 59.3% 였어요.

☆ **연습해 봅시다**

1) 하루에 물을 2리터 정도 마셔야 한다는 기사를 봤어요. 그런데 주변 사람들에게 그 기사 이야기를 하니까 음식이나 과일이 아닌 물만 2리터 마시는 것이 좋다는 사람이 있는가 하면 물이 아니어도 음식이나 음료수에 물이 들어가 있으니까 물을 많이 안마셔도 된다는 사람도 있었어요.
2) 집안일을 하는 것으로도 다이어트가 된다는 이야기를 어머니께 들었어요. 그런데 친구들에게 그 이야기를 하니까 어떤 친구는 생활할 때 많이 움직이는 것은 모두 다이어트에 도움이 된다고 하는가 하면 어떤 친구는 집안일은 운동 효과가 없어서 다이어트에 도움이 안 된다고 해요.

15-2 경제적인 여가 생활

☆ **어휘**

1) 이해시키 2) 오염시키는 3) 향상시켜야 4) 교육시키면

☆ **문법1**

1) 유키: 서울에서 부산까지 1시간 반 걸린다지요?
   친구: 그래요? 이제 마음 편히 부산에 여행을 갈 수 있겠어요.
2) 유키: 누리어학당을 졸업한 외국인들이 10만 명을 넘었다지요?
   친구: 저도 신문 기사를 보기 전에는 한국어를 배운 외국인들이 그렇게 많은지 몰랐어요.
3) 유키: 모든 알레르기를 치료할 수 있는 약을 드디어 개발했다지요?
   친구: 저도 그 기사를 봤어요. 저도 알레르기가 있는데 그 약으로 치료가 됐으면 좋겠어요.
4) 유키: 케이팝이 세계적으로 인정을 받고 있다지요?
   친구: 네, 많은 케이팝 가수들이 노력을 많이 해서 이런 결과가 나온 것 같아요.
5) 유키: 외국인들이 가장 가고 싶어 하는 나라 1위가 한국이라지 요?
   친구: 네, 한국 문화와 음식, 분위기가 외국인들의 관심을 끈 것 같아요.

☆ **문법2**

1) 주앙: 며칠 동안 여행을 가면 좋을까?
   하늘: 글쎄, 1박 2일로 가든지 2박 3일로 가든지 하는 게 어때? 방학이 아닌 데다가 주말 여행이니까 짧게 다녀오는 게 나을 것 같아.
2) 주앙: 뭘 타고 가지?
   하늘: 버스를 타고 가든지 KTX를 타고 가든지 해야겠지. 우리는 면허증이 없으니까 차를 빌릴 수 없잖아.
3) 주앙: 그런데 경주에 가면 어디에 묵을까?
   하늘: 글쎄, 한옥으로 된 민박에 묵든지 호텔에 묵든지 하자. 저렴하기만 하면 되잖아.
4) 주앙: 아침 식사는 어떻게 하는 게 좋을까?
   하늘: 음, 빵이나 과일을 먹든지 근처 식당에서 간단하게 먹든지 하자.
5) 주앙: 경주에 갔다 와서 친구들에게 줄 기념품은 뭘 살까?
   하늘: 경주 관광지 엽서를 사든지 경주를 기념 할 수 있는 열쇠고리를 사든지 하자. 경주에 가 보지 않은 친구들이 좋아할 거야.

☆ **연습해 봅시다**

1) 우진: 우리 팀에서 제임스 씨 송별회를 준비한다지요? 어디에서

하는지 알아요?
동료: 회사 안에 있는 식당에서 하든지 회사 근처에 있는 식당에서 하든지 할 거라고 들었어요.
우진: 저는 두 곳 모두 좋을 것 같아요.

2) 우진: 송별회 때 팀원들이 제임스 씨에게 선물을 줄 거라지요? 무엇을 선물하는지 알아요?
동료: 네, 새로운 근무지에서 사용할 물건을 주든지 우리와의 추억들이 담긴 것을 선물하든지 할 거라고 들었어요.
우진: 다 좋네요. 사람들과 같이 좀 더 얘기해 봐요.

◆ 복습

1. 1) 표지판이 2) 산책로 3) 매력이
4) 마음껏 5) 안정시켜야겠어요 6) 경제적
7) 배보다 배꼽이 더 크면 8) 가르면서

2. 1) 무리가 갈 수 있다지요?
2) 건강에 좋지 않다는
3) 요가를 하든지 필라테스를 하든지
4) 운동을 하는 사람이 있는가 하면

16-1 재활용과 재사용

☆ 어휘

1) 묻는 2) 쓰레기를 처리합니다 3) 환경 오염을
4) 경제적 이익 5) 재활용하는 6) 재사용하는

☆ 문법1

1) 에릭: 올리비아 씨, 뭐 좋은 일이 있어요? 계속 웃(고 있)게요.
올리비아: 고향에 있는 친구가 이번 주말에 한국에 놀러 온다고 해서 그래요.

2) 에릭: 시험 결과가 별로 안 좋아요? 성적표를 보는 표정이 안좋게요.
존 : 열심히 공부한 것에 비해 점수가 안 나와서 그래요.

3) 에릭: 누군가를 기다리고 있어요? 문 쪽을 보고 있게요.
흐엉: 룸메이트가 금방 온다고 해서 기다리고 있어요.

4) 에릭: 레오 씨, 배가 많이 고파요? 빵을 급하게 먹게요.
레오: 아침에 일어나서 지금까지 아무 것도 못 먹어서 그래요.

5) 에릭: 배탈이 났어요? 그렇게 급하게 화장실로 달려가게요.
하늘: 아까 먹은 음식이 잘못됐나 봐요.

☆ 문법2

1) 노라: 제주도 날씨가 어떻던가요?
레오: 여행 내내 맑았어요.
노라: 제주도는 정말 바람이 많이 불던가요?
레오: 네, 바람이 많이 불더군요.

2) 노라: 한라산에 올라가 보니까 어떻던가요?
레오: 좀 힘들었지만 아주 좋던데요.
노라: 등산하는 데 시간이 얼마나 걸리던가요?
레오: 산 꼭대기까지 5시간쯤 걸렸어요.

3) 노라: 제주도 산책로를 걷는 사람이 많던가요?
레오: 네, 꽤 많더군요.
노라: 산책로는 걷기가 편하던가요?
레오: 네, 제 아이도 편하게 잘 걸었어요.

4) 노라: 귤 따기 체험을 해 보니까 어떻던가요?
레오: 한번 해 볼 만해요. 노라 씨도 해 보세요.
노라: 아이가 재미있어하던가요?
레오: 그럼요, 정말 좋아하던데요.

5) 노라: 말 타기가 재미있던가요?
레오: 저는 재미있었어요.
노라: 아이가 무서워하지 않던가요?
레오: 아이가 아직 어려서 그런지 좀 무서워하더군요.

☆ 연습해 봅시다

1) 유키: 오늘 많이 바빴어요? 아침에 메시지를 보냈는데 저녁까지 답장이 없게요.
주앙: 식당 아르바이트를 하는 첫날이었는데 일하느라고 메시지를 볼 시간이 없었어요.
유키: 많이 힘들던가요?
주앙: 네, 식당 아르바이트는 처음인데 정말 힘들던데요.

2) 유키: 혹시 울었어요? 눈이 빨갛게요.
주앙: 오늘 영화를 봤는데 너무 슬퍼서 많이 울었어요.
유키: 그래요? 어떤 장면이 그렇게 슬프던가요?
주앙: 주인공이 죽는 장면이 슬펐어요.

16-2 환경과 생활 습관

☆ 어휘

1) 불필요한 2) 과대 포장을
3) 일회용품 4) 최소화하려고/자제하려고

☆ 문법1

1) 남자가 뛰어 나가더니 꽃집에서 꽃을 사 가지고 나왔어요.
2) 남자가 의자에 앉더니 카드를 써서 꽃다발 안에 넣었어요.
3) 여자가 도서관에서 문자 메시지를 확인하더니 미소를 지었어요.
4) 여자가 가방을 챙기더니 가방을 두고 밖으로 나갔어요.
5) 여자가 꽃다발을 들고 서 있는 남자를 보더니 얼굴이 빨개졌어요.

☆ 문법2

1) 부장: 박 과장, 손님이 드실 수 없는 음식이 있는지 알아보고 식당을 예약하도록 하세요.
박 과장: 네, 알아보고 식당을 예약하도록 하겠습니다.

2) 부장: 이 대리, 회의실 사용 계획표를 확인하고 회의실을 잡도록 하세요.
이 대리: 네, 확인해 본 후 회의실을 잡도록 하겠습니다.

3) 부장: 김우진 씨, 회의 자료를 만들도록 하세요.
김우진: 네, 자료를 완성한 후 보여 드리도록 하겠습니다.

4) 부장: 정연우 씨, 손님께 드릴 회사 기념품을 준비하도록 하세요.
정연우: 네, 기념품을 준비하도록 하겠습니다.

5) 부장: 에릭 씨, 회의에서 통역을 하도록 하세요.
에릭: 네, 그렇게 하도록 하겠습니다.

☆ 연습해 봅시다

1) 하늘: 지하철에 어떤 사람이 타더니 큰 소리로 이상한 말을 하면서 돌아다녀요.
예지: 지하철 고객센터에 문자 메시지를 보내서 불편한 점에 대해 이야기하도록 하세요.

2) 하늘: 동생이 거짓말을 한번 하더니 계속해서 거짓말을 해요.
   예지: 동생에게 거짓말하는 것은 나쁘다는 것을 확실하게 알려 주도록 하세요.

◆ 복습

1. 1) 개성이 2) 일회용품을 3) 갈수록 4) 심각해진다고 5) 환경 오염을 6) 불필요한 7) 자제하 8) 되도록

2. 1) 안 좋게요. 2) 어떻던가요? 3) 내리더니 4) 가도록 하세요.

17-1 개인주의

☆ 어휘

1) 의식하 2) 개의치 않는 3) 눈치를 본다, 눈치를 보 4) 당당하 5) 외면하 6) 두렵다

☆ 문법1

1) 수술을 한 후에 의사 선생님으로부터 다시는 선수 생활을 하지 못할 거라는 얘기를 들었을 때 충격이 컸을 텐데/힘들었을 텐데 울지 않았다면서요? 그때 마음이 어땠습니까?
2) 다시 선수 생활을 하기 위해 치료를 받고 운동하는 동안 많이 힘들었을 텐데 어머니께 한 번도 힘들다고 말하지 않았다면서요? 그 시간을 어떻게 보냈습니까?
3) 선수로 다시 돌아온 첫 대회 때 성적이 좋지 않았는데요. 그때 실망이 컸을 텐데 괜찮다고만 하셨다면서요?
4) 작년에 1등을 했을 때 기뻤을 텐데 크게 웃지 않으셨지요? 그때 마음이 어땠습니까?
5) 1등을 한 후 바로 선수 생활을 그만두겠다고 결정을 하셨는데요. 그렇게 결정하기가 쉽지 않았을 텐데(쉬운 결정이 아니었을 텐데) 그때 가족 누구와도 의논하지 않으셨다면서요? 어떻게 그런 결정을 하게 됐습니까?

☆ 문법2

1) 영수 씨는 회사에 늦어서 아내에게 인사를 하는 둥 마는 둥 했어요.
2) 영수 씨는 일 때문에 직원의 인사를 받는 둥 마는 둥 했어요.
3) 영수 씨는 졸려서 부장님 말씀을 듣는 둥 마는 둥 했어요.
4) 영수 씨는 퇴근 시간이 가까워지니까 일을 하는 둥 마는 둥 했어요.
5) 영수 씨는 재미있는 영상을/프로그램을 보느라고 운동을 하는 둥 마는 둥 했어요.

☆ 연습해 봅시다

1) 존: 주앙에게 잠을 좀 잤냐고 물어보니까 자는 둥 마는 둥 했대요.
   리타오: 새벽에 잠을 잘 자지 못해서 피곤했을 텐데 왜 그랬을까요?
2) 존: 모르겠어요. 그리고 나서 오전 내내 아무 것도 하지 않더니 점심때도 밥을 먹는 둥 마는 둥 했어요.
   리타오: 아침을 먹지 않아서 배가 고팠을 텐데 왜 그랬을까요?
   존: 모르겠어요. 주앙 씨한테 정말 무슨 일이 있는 걸까요?

17-2 함께 사는 집

☆ 어휘

1) 공용 공간 2) 동거인 3) 사생활 보호 4) 사적 공간 5) 제약이 있을 6) 공동생활을

☆ 문법1

1) 주앙 : 학생들의 25% 정도가 학기가 끝나기 전에 고향에 돌아가는 만큼 시험이 끝나자마자 종강 파티를 하면 좋겠어요.
2) 리타오 : 학생들 외에 가족이나 친구들도 올 수 있는 만큼 좀 넓은 곳에서 하면 좋겠습니다.
3) 올리비아 : 이번 학기에 재미있는 활동을 많이 한 만큼 관련 사진과 동영상을 보여 주면 좋겠습니다.
4) 유키 : 한국 노래를 좋아하는 사람이 많은 만큼 한국 노래를 부르면 좋겠습니다.
5) 존 : 우리 반 ○○ 씨가 유머도 있고 한국말도 잘하는 만큼 우리 반 ○○ 씨가 사회를 맡으면 좋겠습니다.

☆ 문법2

1) 전화위복이라고 배우 송연아 씨는 영화 오디션에서 떨어져서 드라마에 출연했는데 그것이 오히려 좋은 기회가 됐어요.
2) 고생 끝에 낙이 온다고 생물학자 진구연 씨는 10년 동안 포기하지 않고 힘들게 연구해서 얻은 실험 결과를 세계에서 인정받게 되었어요.
3) 독서가 상상력을 키운다고 소설가 하영수 씨는 어렸을 때부터 책을 많이 읽어서 상상력을 키울 수 있었어요.
4) 배움에는 나이가 없다고 65세에 초등학교를 졸업하는 할머니가 계시는군요./배움에는 나이가 없다고 김연학 할머님은 어렸을 때 못한 공부를 이제 하셨군요.
5) 부부는 닮는다고 오래 같이 사니까 외모도 비슷해졌어요.

☆ 연습해 봅시다

1) 직원1: 이렇게 오래 조사만 하다가는 사업 계획서를 쓰지 못하겠습니다. 시작이 반이라고 쓰기 시작하는 게 좋을 것 같습니다.
   직원2: 네, 준비를 충분히 한 만큼 잘 쓸 수 있을 거라고 생각합니다.
2) 직원1: 사업 계획서를 다 썼는데요. 돌다리도 두들겨 보고 건너라고 사장님께 내기 전에 잘못된 곳은 없는지 한 번 더 확인해 보는 것이 좋겠습니다.
   직원2: 네, 우리 회사의 미래를 결정하는 중요한 보고서인 만큼 더 꼼꼼하게 확인하는 것이 좋을 것 같습니다.

◆ 복습

1. 1) 눈치를 보 2) 뭐라고 하셨어요 3) 의식하면서 4) 손발을 맞출 5) 귀를 기울일 6) 비교적 7) 당당하 8) 정기적

2. 1) 있었을 텐데 2) 하는 둥 마는 둥 하 3) 작심삼일이라고 4) 약속한 만큼

18-1 사고방식의 변화

☆ 어휘

1) 보수적 2) 집단 중심 3) 진보적 4) 개방적 5) 합리적이라고

☆ 문법1

1) 이틀에 한 번꼴로 아침을 굶고 출근한대요.
2) 반려동물을 키우는 사람 5명 중 2명꼴로 피부 알레르기 증상이 나타난대요.
3) 반려동물을 키우는 사람들은 3달에 한 번꼴로 동물병원에 간다고 하더라고요.
4) 해외 쇼핑몰 이용자 4명 중 1명꼴로 피해를 당한 적이 있대요.
5) 피해를 당한 5건 중 1건꼴로 교환이나 환불이 불가능했대요.

☆ 문법2

1) 주앙 씨, 그렇게 에어컨을 켜 놓고 자면 감기에 걸리는 수가 있어요. 에어컨을 적당히 켜세요.
2) 에릭 씨, 그렇게 시끄럽게 하다가는 기숙사에서 쫓겨나는 수가 있어요. 좀 조용히 하세요.
3) 타오 씨, 그렇게 매운 라면을 먹으면 위장병이 생기는 수가 있어요. 그러니까 너무 매운 것은 먹지 마세요.
4) 유키 씨, 그렇게 안 먹다가는 쓰러지는 수가 있어요. 다이어트도 좋지만 굶지 마세요.
5) 흐엉 씨, 그렇게 차가운 것을 많이 먹으면 배탈이 나는 수가 있어요. 차가운 것을 적당히 드세요.

☆ 연습해 봅시다

1) 윤아: 신문 기사에 따르면 한국인 5명 중 1명꼴로 반려동물을 키우고 있대요. 그런데 반려견 산책 시간은 하루에 10분도 안 된대요.
   노라: 그래요? 그렇게 산책을 못 시키면 동물도 우울증에 걸리는 수가 있는데요.
2) 윤아: 신문 기사에 따르면 30대 미혼 직장인들은 이틀에 한 번꼴로 밖에서 저녁 식사를 한대요.
   노라: 그래요? 그렇게 자주 외식을 하면 건강이 나빠지는 수가 있는데요.

18-2 도시의 변화

☆ 어휘

1) 활기찬 2) 변화한 3) 쾌적한 4) 개선이 5) 확장을

☆ 문법1

1) 리타오 씨가 조금 더 자려나 봐요./지금 일어나지 않으려나 봐요.
2) 노라 씨가 테니스를 치러 가려나 봐요./나가려나 봐요./운동을 하러 가려나 봐요.
3) 주앙 씨가 올리비아 씨에게 전화를 하려나 봐요.
4) 레오 씨가 김밥을 싸려나 봐요.
5) 레오 씨가 도시락을 싸려나 봐요./소풍을 가려나 봐요.

☆ 문법2

1) 일본 하면 저는 다른 것보다 먼저 온천이 생각나요. 따뜻한 온천에 가고 싶어요.
2) 중국 하면 만리장성이 먼저 떠올라요. 중국에 가서 만리장성을 구경할 거예요.
3) 브라질 하면 삼바 축제가 먼저 생각나요. 모두가 축제에서 신나게 춤추는 모습이 인상적이어서 가 보고 싶어요.
4) 프랑스 하면 요리지요. 다양한 재료를 사용해 요리한 프랑스 요리를 꼭 먹어 보고 싶어요.
5) 미국 하면 뉴욕이지요. 뉴욕에서 뮤지컬도 보고 야경도 즐기고 싶어요.

☆ 연습해 봅시다

1) 흐엉: 저기에서 학생들이 노래를 하려나 봐요. 무슨 노래를 할까요?
   우진: 축제 분위기를 살릴 수 있는 노래 하면 아이돌 노래지요. 아이돌 공연을 하면 좋겠어요.
2) 흐엉: 저쪽에서 게임을 시작하려나 봐요. 무슨 게임을 할까요?
   우진: 축제 게임 하면 풍선 던지기지요. 풍선 던지기를 하면 좋겠어요.

◆ 복습

1. 1) 부수 2) 끊임없이 3) 둘러싸이 4) 쾌적한 5) 경향이 6) 개선이 7) 꾸미 8) 합리적이라고

2. 1) 열려나 봐요. 2) 문을 닫는 수가 있는데요. 3) 3곳 중 1곳꼴로 4) 꼼꼼한 사람 하면

19-1 선택

☆ 어휘

1) 경제적인 형편을 2) 주변 여건이 3) 주위 권유를

☆ 문법1

1) 에릭 씨는 집 앞에 맛있는 빵집이 있다며 자기가 케이크를 준비하겠다고 했어요.
2) 유키 씨는 미역국을 맛있게 끓일 수 있다며 미역국을 준비 하겠다고 했어요.
3) 리타오 씨는 준희가 뭘 좋아하는지 안다며 자기가 선물을 준비하겠다고 했어요.
4) 노라 씨는 지난주에 여러 가지 풍선을 사 놓았다며 생일 파티에 쓸 풍선을 가지고 오겠다고 했어요.
5) 주앙 씨는 얼마 전에 새로 나온 보드 게임을 샀다며 그 보드 게임을 가지고 오겠다고 했어요.

☆ 문법2

1) 처음에는 이렇게 높은 곳에서 찍는 것이 무서웠는데 이제는 괜찮습니다. 지금 찍는 장면은 우리 영화의 가장 중요한 장면이어서 긴장이 될 따름입니다.
2) 이렇게 훌륭한 분들과 함께 촬영하게 되어서 기쁠 따름입니다.
3) 오늘 처음으로 영화 촬영장에 직접 와 봤는데 모든 것이 신기할 따름입니다.
4) 진행이 잘 되고 있습니다. 모두들 자기 역할을 충분히 잘해 주어서 고마울 따름입니다.
5) 주연이 아닐 때는 이렇게 어깨가 무겁지 않았는데 주연을 맡으니까 어깨가 무거울 따름입니다.

☆ 연습해 봅시다

1) 둘째 날 오랜 시간 동안 걸어 다니면서 구경을 해서 그런지 모두들 피곤해했어요. 그런데 폴이 그곳까지 왔는데 근처에 구경할 수 있는 곳은 다 가 봐야 한다며 계속 구경하자고 했어요. 폴이 힘들어하는 친구들을 배려하지 않아서 당황스러울 따름이었어요.
2) 돌아오기 전 날 항공사에서 날씨 때문에 비행기가 출발하지 못한 다는 메시지가 왔어요. 태준이가 그 메시지를 보고 다음날 회사에 급한 일이 있다며 걱정했어요. 태준이가 걱정하는 모습을 보니까 저도 마음이 아플 따름이었어요.

19-2 현재의 나, 미래의 나

☆ 어휘

1) 예고를 2) 예방이, 예방 3) 예비 4) 예상 5) 예감

☆ 문법1

1) 이 학원에서 3개월만 배우면 과연 미국 사람처럼 영어를 할 수 있을까요?
2) 이 샴푸로 머리를 감으면 과연 머리카락이 안 빠질까요?
3) 이 의자에 10분만 앉아 있으면 과연 모든 피로가 풀릴까요?
4) 이 스포츠 센터에서 한 달만 운동을 하면 과연 모델처럼 멋있어 질까요?
5) 이 화장품을 사용하면 과연 아기 같은 피부가 될까요?

☆ 문법2

1) 요리할 때는 손님들이 주문한 것을 전체적으로 살펴 가면서 요리를 하세요.
2) 주방이 깨끗하게 유지될 수 있도록 중간 중간에 설거지를 해 가면서 요리를 하세요.
3) 일을 할 때 새로운 메뉴에 대한 아이디어도 생각해 가면서 하세요.
4) 주문을 받을 때 실수하지 않도록 메모를 해 가면서 주문을 받으세요.
5) 한국말이 아직 서투르니까 손님들에게 들은 말이 맞는지 확인을 해 가면서 일을 하세요.

☆ 연습해 봅시다

1) 졸업 20주년 기념 여행 준비를 맡은 민영이는 여러 여행사 사이트에서 가격을 비교해 가면서 결정해야 하는데 자기 회사 건물에 있는 여행사에 맡기는 것으로 결정해 버렸네. 과연친구들이 만족스러워할까?
2) 늘 말이 많은 영주는 친구들의 이야기도 좀 들어 가면서 이야기 해야 하는데 오늘도 혼자 계속 이야기하네. 과연 친구들은 영주의 말을 재미있게 듣고 있을까?

◆ 복습

1. 1) 앞날 2) 한창 3) 고려해야 4) 주위
5) 신중하 6) 펼쳐질까요 7) 사항은 8) 예감이

2. 1) 좋지 않다며 2) 생각해 가면서
3) 과연 환경이 좋아질까요? 4) 걱정스러울 따름이에요

20-1 설날

☆ 어휘

1) 문화적 2) 종교적 3) 풍습이라고 4) 국가적

☆ 문법1

1) 빨래야 세탁기가 있으니까 쉽게 할 수 있어요.
2) 친구야 거기에 가서 사귀면 되지요.
3) 옷이야 거기에서 필요할 때 사면 돼요.
4) 영어야 가서 배우면 돼요.
5) 환전이야 인터넷으로 하면 돼요.

☆ 문법2

1) 노라: 이번에 결혼한 대학교 친구에게 뭘 선물했어요?
우진: 부부가 같이 쓰라고 부부 찻잔을 선물했어요.
2) 노라: 올해 어버이날에 어머니께 무슨 선물을 드렸어요?
우진: 좋아하는 가수의 노래를 직접 감상하시라고 어머니가 좋아하는 가수의 콘서트 표를 드렸어요.
3) 노라: 아버지께서 우진 씨 고등학교 졸업 때 뭘 선물해 주셨어요?
우진: 대학교에 가서 사용하라고 노트북 컴퓨터를 선물해 주셨어 요.
4) 노라: 에릭 씨가 이번 우진 씨 생일에 뭘 선물했어요?
우진: 필요한 것을 사라고 백화점 상품권을 선물해 줬어요.
5) 노라: 유키 씨가 지난 크리스마스에 선물로 뭘 줬어요?
우진: 겨울을 따뜻하게 보내라고 목도리를 선물해 줬어요.

☆ 연습해 봅시다

1) 하늘: 아버지 생신에 무슨 선물을 하면 좋을지 고민 중이에요.
나: 산에 갈 때 신으시라고 등산화를 사 드리는 게 어때요? 등산화야 계절에 관계없이 신을 수 있으니까요.
2) 하늘: 할머니 생신에 무슨 선물을 드리면 좋을까요?
나: 오래오래 건강하게 사시라고 인삼을 드리는 게 어때요? 인삼이야 어른들이 좋아하시는 선물이잖아요.

20-2 추석

☆ 어휘

1) 조그만 2) 졸졸 3) 퐁당 4) 볼록 5) 번쩍번쩍
6) 커다란 7) 줄줄 8) 풍덩 9) 불룩

☆ 문법1

1) 청소하게 잠깐만 일어나 봐.
2) 나 일 좀 하게 청소는 좀 이따가 해.
3) 시험공부를 하게 방 문 좀 닫아 줘.
4) 오늘은 불고기를 해 볼까? 불고기를 만들게 고기 좀 사 와라.
5) 케이크도 사 오게 2만 원만 더 주세요.

☆ 문법2

1) 대학 진학을 준비할 때는 한국어 능력 시험 공부하랴 입학 서류 준비하랴 스트레스가 많았어요.
2) 대학교에 처음 입학했을 때는 강의 내용 이해하랴 한국어로 발표 준비하랴 힘들었어요.
3) 방학 때는 아르바이트하랴 여행 다니랴 바빴어요.
4) 대학교 마지막 학기에는 논문 자료 수집하랴 논문 쓰랴 학기 내내 잠이 부족했어요.
5) 귀국을 준비할 때는 한국 생활 정리하랴 송별회 하랴 눈코 뜰 새 없었어요.

☆ 연습해 봅시다

1) 예지: 짐 풀랴 짐 정리하랴 정신이 없어요.
엄마: 짐 정리 때문에 너무 스트레스 받지 않게 바로 쓰지 않는 짐들은 나중에 정리해.
2) 예지: 학교 다니랴 과제하랴 바빠서 집을 정리할 시간이 없어요.
엄마: 되도록 깨끗한 환경에서 지내게 청소라도 자주 해.

◆ 복습

1. 1) 보름달을 2) 커다랗 3) 맞이하러 4) 풍습이
5) 마찬가지로 6) 조상 7) 덕담 8) 슬슬

2. 1) 기말시험 준비하랴 아르바이트 하랴
2) 흐엉 씨야
3) 힘내라고
4) 떨어지지 않게

연습문제 답안

11-1 효율적인 시간 관리

☆ 어휘

1. 1) 반성했다 2) 구체적 3) 낭비하는 4) 미뤘다
   5) 계획적으로 6) 자투리

-는다든가/ㄴ다든가/다든가 -는다든가/ㄴ다든가/다든가

1. 1) 시간이 많을 때 읽고 싶었던 책을 읽는다든가 집 정리를 한다든가 해요.
   2) 스트레스가 쌓였을 때 매운 음식을 먹는다든가 노래방에서 노래를 부른다든가 해요.
   3) 돈이 생겼을 때 사고 싶었던 물건을 산다든가 동생에게 용돈을 준다든가 해요.
   4) 소화가 되지 않을 때 가벼운 운동을 한다든가 소화제를 먹는다든가 해요.
   5) 가족이 보고 싶을 때 가족에게 전화를 한다든가 가족사진을 본다든가 해요.
2. 1) 라면을 끓여 먹는다든가
   2) 식사할 때 소리를 낸다든가 코를 푼다든가
   3) 공공장소에서 큰 소리로 이야기를 한다든가 버스 정류장 근처에서 담배를 피운다든가
   4) 커튼을 바꾼다든가 가구 위치를 바꾼다든가 하면 집안 분위기를 바꿀 수 있어요.
   5) 휴대 전화로 인터넷 뉴스를 본다든가 게임을 한다든가 하면서 시간을 보내요.

-는다니까/ㄴ다니까/다니까

1. 1) 한국 사람들은 다른 사람 집에 갈 때 빈손으로 가지 않는다니까 과일이나 케이크를 사 가지고 가야겠어요.
   2) 은행은 오전에 사람이 별로 없다니까 오전에 은행에 가야겠어요.
   3) 강원도가 여름에 시원하다니까 그쪽으로 여름휴가를 갑시다.
   4) 아린 씨 결혼식이 오후 1시라니까 12시 반에 지하철역에서 만나서 같이 갑시다.
   5) 토요일이 준우 생일이라니까 생일 선물을 사러 가야겠어요.
2. 1) 동대문 시장에 가면 옷가게가 아주 많다니까
   2) 선생님은 3시까지 회의가 있다니까
   3) 김밥과 불고기는 여러 나라 사람들이 다 잘 먹는다니까
   4) 남산이 등산을 처음 하는 사람도 쉽게 올라갈 수 있다니까 남산에 가 보세요.
   5) 홍대 근처에는 다양한 가게도 있고 거리 공연도 많이 한다니까 홍대 앞에 가면 좋을 것 같아요.

11-2 도심 속 자연

☆ 어휘

1. 1) 온통 2) 눈 코 뜰 새가 없다 3) 도심
   4) 한잔했더니 5) 안정을 6) 틈틈이

-더니[2]

1. 1) 호윤 씨는 1년 동안 가계부를 쓰더니 돈을 계획적으로 쓰게 되었어요.
   2) 민주 씨는 아침마다 꾸준히 수영을 하더니 건강해졌어요.
   3) 김 과장님은 무리해서 일을 하더니 병에 걸렸어요.
   4) 르웬 씨가 한국어를 열심히 배우더니 한국 회사에 취직을 했어요.
   5) 성연이는 어렸을 때부터 비행기를 좋아하더니 비행기 조종사가 되었어요.
2. 1) 두 사람이 같은 사무실에서 일하더니
   2) 준섭 씨가 공부를 열심히 하더니
   3) 열심히 돈을 모으더니
   4) 네, 어렸을 때부터 그림을 그리는 것을 좋아하더니 만화가가 됐네요.
   5) 네, 호주로 유학을 다녀오더니 영어를 잘하게 되었나 봐요.

-었다/았다/였다 하면

1. 1) 내 동생은 친구들을 만났다 하면 PC방에 가서 컴퓨터 게임을 한다.
   2) 제임스 씨는 운동을 했다 하면 3시간 이상 한다.
   3) 민주의 남자 친구는 화가 났다 하면 말을 안 한다.
   4) 남동생은 고깃집에 갔다 하면 5인분은 먹는다.
   5) 사장님은 말씀을 한번 시작하셨다 하면 끝이 없이 말씀을 하신다.
2. 1) 명민 씨는 방학이 됐다 하면
   2) 저는 우산을 가지고 나갔다 하면
   3) 저는 어렸을 때 친구들을 만났다 하면
   4) 네, 저희 가족은 시간이 났다 하면 낚시를 하러 가요.
   5) 네, 저는 12월이 되었다 하면 바로 크리스마스트리를 만들어 요.

12-1 예절과 언어 표현

☆ 어휘

1. 1) 존댓말을 2) 놓 3) 숙이
   4) 아무튼 5) 존중해 6) 무조건

-는다고/ㄴ다고/다고 해도

1. 1) 식사하기 귀찮다고 해도 건강을 생각해서 잘 챙겨 먹어야 해요.
   2) 피곤하다고 해도 가족들에게 짜증을 내면 안 돼요.
   3) 계획을 꼼꼼하게 세웠다고 해도 실천하지 않으면 의미가 없어요.
   4) 건강에 좋은 약이라고 해도 지나치게 많이 먹으면 안 돼요.
   5) 어린 아이라고 해도 자기 생각이 있어요.
2. 1) 건강에 문제가 없다고 해도
   2) 드라마가 (아무리) 재미있다고 해도
   3) 회사 상황이 (아무리) 어렵다고 해도
   4) 시험 결과가 안 좋다고 해도 포기하지 말고 계속 열심히 해야지요.
   5) 얼굴을 직접 보지 않는다고 해도 예절은 지켜야지요.

-을/ㄹ 걸 그랬다

1. 1) 한국에 좀 더 일찍 올 걸 그랬어요.
   2) 다른 전공을 선택할 걸 그랬어요.
   3) 영어 공부를 열심히 할 걸 그랬어요.
   4) 일을 미루지 말 걸 그랬어요.
   5) 농담을 하지 말 걸 그랬어요.

2. 1) 잔소리를 많이 하지 말 걸 그랬어요.
2) 부모님께 효도할 걸 그랬어요.
3) 건강을 제대로 챙길 걸 그랬어요.
4) 공부를 시작할 걸 그랬어요.
5) 늙은 후에 쓸 돈을 마련해 놓을 걸 그랬어요.

12-2 문화 차이

☆ 어휘

1. 1) 포근해졌다 2) 왠지 3) 일행이 4) 건넨 5) 간혹

치고

1. 1) 평일치고
2) 유명한 화가의 작품치고
3) 처음(하는 것)치고
4) 오래 배운 것치고 잘 치지 못해요.
5) 가격이 저렴한 것치고 품질이 좋아요.

2. 1) 처음 하는 것치고 잘 따라 한다고
2) 많은 것치고 자리가 빨리 났어요.
3) 새운 것치고 별로 피곤하지 않아요.
4) 시내에 있는 것치고 숙박비가 비싸지 않아요.
5) 유명한 것치고 음식이 그렇게 맛있지 않았어요.

-는/은/ㄴ 것처럼

1. 1) (마치) 내가 직접 경험하는 것처럼 느껴졌어요.
2) 제인 씨는 (마치) 모든 것을 다 아는 것처럼 잘난 척을 했어요.
3) 그 방에 들어가니까 (마치) 숲 속에 온 것처럼 상쾌했어요.
4) 사라 씨는 (마치) 아무 일도 없는 것처럼 평소와 똑같이 행동했어요.
5) 켄 씨는 (마치) 오늘이 인생의 마지막 날인 것처럼 열심히 살아요.

2. 1) (마치) 깨질 것처럼
2) (마치) 며칠 못 잔 것처럼
3) (마치) 수도꼭지를 틀어 놓은 것처럼
4) (마치) 하루 종일 노래를 부른 것처럼 목이 쉬었어요.
5) (마치) 겨울인 것처럼 몸이 계속 떨려요.

13-1 여행과 날씨

☆ 어휘

1. 1) 뿌옇 2) 넘어 3) 화창하니까 4) 빗줄기가
5) 발길은 6) 돌려서

-는 김에

1. 1) 일어난 김에 창문을 좀 닫아 줄래요?
2) 설거지를 하는 김에 내 컵도 같이 씻어 줄래?
3) 커피를 사는 김에 네 것도 같이 샀어.
4) 방 청소를 하는 김에 화장실도 청소하는 게 좋겠지?
5) 부모님 댁에 온 김에 근처에 사시는 할머님도 뵙고 가자.

2. 1) 나온 김에
2) 우체국에 가는 김에
3) 마트에 간 김에
4) 네 것 끓이는 김에 내 것도 같이 끓여 줄래?
5) 장을 보는 김에/장을 보러 간 김에/사는 김에 많이 샀어요.

만 해도

1. 1) 결혼한 내 친구들만 해도 아이를 낳을 계획이 없는 친구들이 꽤 많아요.
2) 5년 전만 해도 3만 명이었는데 지금은 8만 명이에요.
3) 우리 학교만 해도 작년보다 유학생이 100명 늘었어요.
4) 1년 전만 해도 한 달에 60만 원이면 충분했는데 지금은 한 달에 80만 원 정도는 필요해요.
5) 식비만 해도 1년 전보다 한 달에 10만 원 정도 더 들어요.

2. 1) 조금 전만 해도
2) 우리 학교 근처만 해도/우리 집 근처만 해도
3) 1년 전만 해도/한국에 처음 왔을 때만 해도
4) 일주일 전만 해도 꽤 쌀쌀했는데 요즘은 밤에도 춥지 않아요.
5) 우리 반 친구들만 해도 모두 사용해요./ 제 조카만 해도 초등학생인데 에스엔에스를 해요.

13-2 혼자 떠나는 여행

☆ 어휘

1. 1) 오로지 2) 벗어나서 3) 식힐 4) 완전히
5) 여유롭 6) 석양이

-다가는

1. 1) 그렇게 쉬지 않고 일만 하다가는 쓰러질 거예요.
2) 그렇게 찬 음식을 많이 먹다가는 배탈이 날 거예요.
3) 그렇게 공부를 하지 않고 놀기만 하다가는 시험을 잘 보지 못할 거예요.
4) 어두운 방에서 그렇게 휴대 전화를 오래 보다가는 눈이 나빠질 거예요.
5) 햇빛이 뜨거운 날 그렇게 모자나 양산을 쓰지 않고 다니다가는 얼굴이 다 탈 거예요.

2. 1) 그렇게 계속 숙제를 미루다가는 숙제가 많이 쌓이게 될 거예요.
2) 그렇게 계속 밤을 새우다가는 건강이 나빠질 거예요.
3) 수업 시간에 저렇게 휴대 전화만 보다가는 선생님한테 혼날 텐데요.
4) 그렇게 날마다 야식을 먹다가는 뚱뚱해질 거예요.
5) 이렇게 계속 고민만 하다가는 아무것도 하지 못할 거예요.

-게 마련이다

1. 1) 편해지게 마련이에요.
2) 들게 마련이에요.
3) 멀어지게 마련이에요.
4) 기억력이/체력이 떨어지게 마련이에요.
5) 밤에 잠이 안 오게 마련이에요.

2. 1) 실수하게 마련이이에요.
2) 싫증이 나게/먹기 싫어지게 마련이에요.
3) 문제가 생기게/실패하게 마련이에요.
4) 외국어를 오랫동안 쓰지 않으면 실력이 떨어지게 마련이에요. /금방 잊게 마련이에요.

5) 한국말을 할 기회가 많아지면 한국어 실력이 늘게 마련이에요. 한국 친구를 좀 사귀어 보세요.

14-1 방송과 영상

☆ 어휘

1. 1) 출연하는 2) 오가는 3) 소재로 4) 일어났다
5) 예능 6) 흥미로운 7) 범인이

-는다고요/ㄴ다고요/다고요

1. 1) 오늘 저녁에 회식이 있다고요.
2) 치킨은 맥주와 먹는 것이 최고라고요.
3) 결혼이 필수라고 생각하는 사람이 예전보다 많이 줄었다고요.
4) 주말에 분위기 좋은 곳에서 같이 식사하자고요.
5) 오늘 숙제가 무엇인지 가르쳐 달라고요.

2. 1) 다시 한국에 온다고요?
2) 대학원에 간다고요?/대학원에 입학한다고요?
3) 여행을 가자고요?
4) 같이 여행을 가자고요.
5) 노라 씨 집에 다녀왔다고요?

-었더라면/았더라면/였더라면

1. 1) 따뜻한 옷을 입었더라면 감기에 걸리지 않았을 거예요.
2) 콘서트 표를 일찍 예매했더라면 좋은 자리에 앉았을 거예요.
3) 쇼핑을 많이 하지 않았더라면 이번 달에 저축을 했을 거예요.
4) 해야 할 일을 적어 놓았더라면 잊어버리지 않았을 거예요.
5) 휴대 전화를 가지고 왔더라면 친구의 연락을 받았을 거예요. /휴대 전화를 집에 놓고 오지 않았더라면 친구의 연락을 받았을 거예요.

2. 1) 긴장을 조금 덜 했더라면 시험을 좀 더 잘 봤을 텐데요.
2) 사진기가 고장 나지 않았더라면 사진을 많이 찍었을 거예요.
3) 민호 씨가 오는 줄 알았더라면 저도 갔을 거예요.
4) 일기 예보를 들었더라면 우산을 가지고 왔을 텐데요.
5) 식당이 쉬는 날인지 알았더라면 다른 곳에 갔을 거예요.

14-2 1인 방송

☆ 어휘

1. 1) 그때그때 2) 실시간으로 3) 반응을 4) 반영한다
5) 콘텐츠는 6) 참여하 7) 끌

에 관한

1. 1) 요즘 성격과 건강의 관계에 관한 책을 읽고 있다.
2) 우리 연구소에서는 성인병에 관한 연구를 진행하고 있다.
3) 아시아 여러 국가의 경제 발전에 관한 논문을 찾아서 읽었다.
4) 한국의 기업 문화에 관한 자료를 인터넷으로 검색했다.
5) 인터넷 게임의 문제점에 관한 발표를 시작하겠습니다.

2. 1) 한국 요리의 특징에 관한
2) 30대 직장인의 퇴근 후 여가 생활에 관한
3) 30~50대 직장인의 여가 활동에 관한
4) 한국 음식의 특징에 관한
5) 한국 요리를 만드는 방법에 관한

-는다면야/ㄴ다면야/다면야

1. 1) 건강이 회복될 수 있다면야 아무리 약이 써도 먹을 수 있어요.
2) 부모님이 좋아하신다면야 어디에서 생신 잔치를 해도 상관없어요.
3) 시간 여유가 있다면야 저도 당연히 운동을 하지요.
4) 바쁜 영수 씨가 우리 집에 온다면야 언제든지 환영이지요.
5) 어머니께서 영어를 공부하시겠다면야 제가 얼마든지 가르쳐 드릴 수 있어요.

2. 1) 좋아하는 가수를 직접 볼 수 있다면야
2) 잘 가르친다면야
3) 음식이 맛있다면야
4) 하숙집 시설이 깨끗하다면야 아침을 안 줘도 괜찮아요.
5) 디자인이 예쁘다면야 무거워도 괜찮아요.

15-1 남산 둘레길

☆ 어휘

1. 1) 둘레 2) 금강산도 식후경이라고
3) 표지판을 4) 산책로가 5) 매력이 6) 삶을

-는가/은가/ㄴ가 하면

1. 1) 밥을 먹는가 하면
2) 어떤 사람은 창가 쪽 자리를 좋아하는가 하면
3) 아이를 안 낳으려고 하는가 하면 어떤 부부는 아이를 많이 낳으려고 해요.
4) 주말에 집에서 쉬려는 사람이 있는가 하면 주말에 밖에 나가서 여러 활동을 하려는 사람도 있어요.
5) 어떤 사람은 항상 밖에서 밥을 사 먹는가 하면 어떤 사람은 항상 집에서 밥을 해 먹어요.

2. 1) 어떤 회사는 회식을 자주 하는가 하면
2) 아니요, 어떤 학생은 기숙사에서 사는가 하면
3) 나이가 들었을 때 자식들과 함께 사는 사람이 있는가 하면
4) 아니요, 어떤 학생은 열심히 공부하는가 하면 어떤 학생은 열심히 공부하지 않아요.
5) 휴대 전화로 자기 자신을 찍는 것을 좋아하는 사람이 있는가 하면 좋아하지 않는 사람도 있어요.

-는다는/ㄴ다는/다는

1. 1) 미래는 더 밝을 것이라는 희망을 가져라
2) 대학에 꼭 들어가야 한다는 생각을 가진 사람이 많다.
3) 영수가 결혼식을 1년 미뤘다는 소식을 들었다.
4) 한국 대학원에 진학하겠다는 학생이 늘었다.
5) 나는 어릴 때부터 외국에서 일하고 싶다는 꿈이 있었다.

2. 1) 돼지꿈을 꾸면 좋은 일이 생긴다는
2) 언젠가 동생을 만날 수 있다는
3) 영양제를 지나치게 많이 먹으면 건강에 좋지 않다는
4) 어두운 곳에서 휴대 전화를 보면 시력이 안 좋아진다는 이야기를 들었어요.
5) 아이가 갖고 싶은 것이 아니라 아이에게 필요한 것을 사 주라는 말을 들었어요.

15-2 경제적 여가 생활

☆ 어휘

1. 1) 장비를 2) 경제적 3) 마음껏 4) 가르면서
   5) 안전모를 6) 대여소가

-는다지요/ㄴ다지요/다지요?

1. 1) 플라스틱 빨대를 사용하는 커피숍이 많이 줄었다지요?
   2) 출발하기 4개월 전에 항공권을 예약하는 것이 가장 싸다지요?
   3) 어떤 회사에서 세계적으로 유명한 한국 가수들의 모습을 흉내 낸 인형을 만든다지요?
   4) 세계적인 피아니스트가 다음 달에 서울에서 공연을 한다지요?
   5) 자동차 앞 유리창에 내비게이션이 나타나는 기술이 개발됐다지요?
2. 1) 꼼꼼하시다지요?
   2) 주혁 씨 생일이라지요?
   3) 많이 내렸다지요?
   4) 어제 서울에 눈이 많이 왔다지요?
   5) 한강을 찾는 사람들이 많이 늘었다지요?

-든지 -든지

1. 1) 피곤하면 걸어서 가지 말고 버스를 타든지 택시를 타든지 하는게 어때?
   2) 머리가 너무 아프면 좀 자든지 약을 먹든지 해야지.
   3) 오늘 쓴 글은 지금 내든지 집에서 끝까지 써 오든지 하세요.
   4) 노트북이 급하게 필요한데 친구에게 며칠만 빌리든지 싼 것을 하나 사든지 해야겠다.
   5) 마음먹고 열심히 공부하든지 그냥 공부를 포기하든지 해라.
2. 1) 배달을 시키든지 음식을 빨리 더 만들든지
   2) 인터넷에서 찾아보든지 재활용 센터에 직접 가서 사든지
   3) 부모님 도움을 받든지 은행에서 돈을 빌리든지
   4) 간단하게 김밥을 먹든지 샌드위치를 먹든지 해.
   5) 일할 때는 바쁘니까 점심시간에 오든지 퇴근 시간에 오든지 해.

16-1 재활용과 재사용

☆ 어휘

1. 1) 사회적 2) 증가하 3) 완성했다 4) 환경 오염을
   5) 갈수록 6) 개성이 7) 심각한

-게요

1. 1) 땀을 많이 흘리게요. 2) 휴대 전화만 계속 보고 있게요.
   3) 계속 기침을 하게요. 4) 아직도 퇴근을 못 하게요.
   5) 정장을 입고 왔게요.
2. 1) 수업이 끝나자마자 서둘러 나가게요.
   2) 표정이 어둡게요.
   3) 여러 번 보게요.
   4) 무슨 일이 생겼어요? 아직도 못 오게요.
   5) 어제 잠을 못 잤어요? 오늘 계속 졸게요.

-던가요?

1. 1) 여행지 날씨가 화창하던가요?
   2) 식당이 몇 시에 가장 붐비던가요?
   3) 바다를 보니까 기분 전환이 되던가요?
   4) 인터넷 속도가 느려서 답답하지 않던가요?
   5) 기숙사 생활의 가장 좋은 점이 무엇이던가요?
2. 1) 사람이 많던가요?
   2) 춥지 않던가요?
   3) 음식을 파는 곳이 있던가요?
   4) 집까지 시간이 얼마나 걸리던가요?
   5) 몇 시던가요?

16-2 환경과 생활 습관

☆ 어휘

1. 1) 되도록 2) 다소 3) 불필요한 4) 일회용품을 5) 면을

-더니[3]

1. 1) 형이 휴지를 가지고 오더니 탁자를 닦았다.
   2) 사람들이 버스에서 내리더니 뛰기 시작했다.
   3) 올리비아 씨가 극장 좌석에 앉더니 휴대 전화를 껐다.
   4) 윤아 씨가 가방을 열더니 가방 안에서 물병을 꺼냈다.
   5) 고양이가 햇빛이 잘 들어오는 창가로 가더니 자기 시작했다.
2. 1) 교과서 문제를 모두 풀더니
   2) 공부를 10분쯤 하더니
   3) 우진 씨에게 전화를 하더니
   4) 한참 동안 휴대 전화를 보더니 방금 전부터 열심히 공부하기 시작했어요.
   5) 꾸벅꾸벅 졸더니 갑자기 일어나서 커피를 마신다고 하면서 나갔어요.

-도록 하다

1. 1) 반복하지 않도록 하세요.
   2) 내일로 미루지 않도록 하세요.
   3) 과식이나 편식을 하지 않도록 하세요.
   4) 신분증을 잘 챙겨 오도록 하세요.
   5) 특별히 조심하도록 하세요.
2. 1) 규칙적으로 식사하도록 하겠습니다.
   2) 덜렁거리지 않도록 하겠습니다.
   3) 근무 시간 중에 업무와 관계없는 통화는 하지 않도록 하겠습니다.
   4) 네, 제출하기 전에 꼼꼼하게 확인하도록 하겠습니다.
   5) 알겠습니다. 에어컨을 하루 종일 계속 틀지 않도록 하겠습니다.

17-1 개인주의

☆ 어휘

1. 1) 참석하 2) 눈치를 봤다 3) 귀를 기울이는
   4) 사 5) 뭐라고 하신다 6) 손발을 맞추

-었을/았을/였을 텐데

1. 1) 썼을 텐데 2) 힘들었을 텐데
   3) 피곤했을 텐데 4) 모자랐을 텐데/부족했을 텐데
   5) 많았을 텐데
2. 1) 닫았을 텐데
   2) 퇴근하셨을 텐데

3) 끝났을 텐데 다음에 신청하세요.
4) 전화기를 꺼 놓았을 텐데 도착한 후에 하세요.
5) 표가 다 팔렸을 텐데 다음 콘서트를 기다리는 게 어때요?

-는 둥 마는 둥 하다

1. 1) 나는 어제 잠을 자는 둥 마는 둥 했다.
2) 진우가 밥이 맛이 없는지 먹는 둥 마는 둥 했다.
3) 주혁이가 책이 재미없는지 읽는 둥 마는 둥 한다.
4) 나는 몸이 좀 안 좋아서 구경을 하는 둥 마는 둥 했다.
5) 친구가 바쁜지 내 질문에 대답을 하는 둥 마는 둥 했다.

2. 1) 마시는 둥 마는 둥 하
2) 청소를 하는 둥 마는 둥 해요.
3) 씻는 둥 마는 둥 하
4) 쓰는 둥 마는 둥 해요
5) 수업을 듣는 둥 마는 둥 해요.

17-2 함께 사는 집

☆ 어휘

1. 1) 비교적 2) 입주할 3) 공동생활 4) 둘러보니까
5) 여럿이 6) 정기적으로 7) 쇠뿔도 단김에 빼라는

-는/은/ㄴ 만큼

1. 1) 짙은 안개가 낀 만큼 운전할 때 조심해야 해요.
2) 공부를 늦게 시작한 만큼 다른 학생들보다 더 열심히 공부해야 한다는 부담감이 있습니다.
3) 다음 주에 할 일이 많은 만큼 시간을 낭비하지 않도록 계획을 잘 세워야 합니다.
4) 기숙사에서는 공동생활을 해야 하는 만큼 서로를 배려하는 태도를 가져야 한다는 것을 잊지 마시기 바랍니다.
5) 이번 행사는 아주 중요한 행사인 만큼 실수하지 않도록 꼼꼼하게 준비해야 합니다.

2. 1) 남자 친구 부모님을 처음 뵙는 만큼/중요한 면접을 보는 만큼
2) 그동안 열심히 연습한 만큼
3) 손님 중에 외국인이 많은 만큼/대부분 외국인인 만큼
4) 위가 좋지 않은 만큼/소화 능력이 떨어져 있는 만큼
5) 가족들이 모두 가는 만큼 가족들이 함께 즐길 수 있는/아버님을 위한 여행인 만큼 나이 많으신 분들이 좋아하실 만한 곳을 추천해 주세요.

-는다고/ㄴ다고/다고[1]

1. 1) 금강산도 식후경이라고
2) 세상에 공짜는 없다고
3) 돌다리도 두들겨 보고 건너라고
4) 고생 끝에 낙이 온다고
5) 배보다 배꼽이 더 크다고

2. 1) 작심삼일이라고 며칠 배우다가 포기했어요.
2) 호랑이도 제 말 하면 온다고 우리가 제임스 씨 이야기를 하니까 정말 제임스 씨가 오는군요.
3) 다다익선이라고 봉사 활동을 신청하는 사람이 많으면 많을수록 좋지요.
4) 믿는 도끼에 발등 찍힌다고 너무 믿지 마.
5) 이심전심이라고 나도 전화하려고 했는데 마침 잘 됐다.

18-1 사고방식의 변화

☆ 어휘

1. 1) 개념이 2) 대비하라는 3) 투자를
4) 경향이 5) 현실적으로 6) 기성세대와

꼴로

1. 1) 사흘에 한 번꼴로 음식을 먹고 체한다.
2) 50대 남성 10만 명 중 8명꼴로 위암에 걸리는 것으로 나타났다.
3) 미혼 직장 여성 2명 중 1명꼴로 결혼한 후에 직장을 그만둔다고 한다.
4) 10대들은 이틀에 한 번꼴로 인터넷 게임을 즐긴다는 조사 결과가 나왔다.
5) 초등학생 10명 중 3명꼴로 아침 식사를 하지 않고 학교에 간다고 한다.

2. 1) 2명꼴로 외국인과 결혼해도 괜찮다고 했대요.
2) 2건꼴로 음주 운전 사고가 났대요.
3) 1번꼴로 대양 시장에 큰 화재가 났대요.
4) 차를 구입하는 사람 10명 중 1명꼴로 수입 차를 선택한대요.
5) 부상 때문에 5경기 중 3경기꼴로 경기에 나가지 못하고 있대요.

-는 수가 있다

1. 1) 체하는 수가 있어요.
2) 고장 나는 수가 있어요.
3) 잊어버리는 수가 있어요.
4) 피부가 상하는 수가 있어요.
5) 넘어지는 수가 있어요.

2. 1) 잃어버리는 수가 있어요.
2) 미끄러지는 수가 있어요./넘어지는 수가 있어요.
3) 눈이 나빠지는 수가 있어요.
4) 그렇게 염색을 자주 하다가는 머리카락이 상하는 수가 있어 요.
5) 설날에 고향에 가는 기차표를 미리 사 놓지 않으면 고향에 못 가는 수가 있어요.

18-2 도시의 변화

☆ 어휘

1. 1) 둘러싸여 2) 부수 3) 꾸미 4) 끊임없이
5) 떠올리면서 6) 원래

-으려나/려나 보다

1. 1) 올리비아 씨가 요가를 배우려나 봐요.
2) 어머니가 요리를 하시려나 봐요.
3) 윤아 씨가 멀리 여행을 가려나 봐요.
4) 노라 씨가 친구 생일 파티에 가려나 봐요.
5) 비가 오려나 봐요.

2. 1) 오려나 봐요./되려나 봐요.
2) 안 가려나 봐요.
3) 몸살이 나려나 봐요.
4) 에릭 씨가 시험을 안 보려나 봐요.
5) 존 씨가 컴퓨터를 사려나 봐요.

하면

1. 1) 배낭여행 하면 유럽이에요.
   2) 출퇴근 시간에 붐비는 곳 하면 강남역이 제일 먼저 떠올라요.
   3) 봄의 대표적인 꽃 하면 한국 사람들은 개나리를 떠올려요.
   4) 춤 하면 우리 반 리나 씨를 빼놓을 수 없어요.
   5) 자동차 하면 독일을 먼저 떠올릴 정도로 독일에는 세계적인 자동차 회사가 많아요.
2. 1) 김치로 만들 수 있는 요리 하면
   2) 외국인에게 추천할 만한 한국 음식 하면
   3) 한국에서 역사가 깊은 도시 하면
   4) 사람들이 사계절 내내 많이 가는 관광지 하면
   5) 제주도에서 꼭 구경해야 할 것 하면

19-1 선택

☆ 어휘

1. 1) 철없 2) 집세를 3) 신중하 4) 독립을 5) 고려해야

-는다며/ㄴ다며/다며

1. 1) 혁수가 도와 줘서 고맙다며 나에게 작은 선물을 줬다.
   2) 혁수가 제주도에서는 흑돼지를 먹어 봐야 한다며 흑돼지 식당으로 나를 데리고 갔다.
   3) 혁수가 한국 사람들은 비가 오는 날에는 빈대떡을 먹는다며 퇴근하는 길에 빈대떡을 사 가지고 왔다.
   4) 혁수는 노력을 하지 않으면 좋은 결과를 얻을 수 없다며 나에게 좋은 결과를 얻고 싶으면 최선을 다하라고 했다.
   5) 혁수가 갑자기 급한 회의가 생겼다며 동창들에게 다음에 만나자고 했다.
2. 1) 맡은 일을 오늘까지 처리해야 한다며
   2) 푹 쉬고 싶다며
   3) 계획하신 일이 아직 안 끝나셨다며
   4) 휴지가 다 떨어졌다며 휴지를 사러 마트에 갔어요.
   5) 네, 사라 씨는 한국에 대해 더 알고 싶다며 한국학과에 원서를 넣었어요.

-을/ㄹ 따름이다

1. 1) 남자친구가 내 마음을 몰라서 속상할 따름이다.
   2) 나 때문에 친구가 손해를 보게 돼서 미안할 따름이다.
   3) 내 잘못이 아닌데 부모님이 나를 야단치셔서 억울할 따름이다.
   4) 내가 힘들 때 친구가 자기 일처럼 도와줘서 고마울 따름이다.
   5) 한국말 실력이 너무 빨리 늘어서 놀라울 따름이다.
2. 1) 감사할 따름입니다.
   2) 부끄러울 따름입니다.
   3) 걱정스러울 따름입니다/걱정이 될 따름입니다.
   4) 너무 비싼 선물을 받아서 부담스러울 따름입니다.
   5) 열심히 연습했는데 우승을 하지 못해서 아쉬울 따름이에요.

19-2 현재의 나, 미래의 나

☆ 어휘

1. 1) 내세우면 2) 펼쳐진 3) 이루어질 4) 앞날 5) 한창

과연 -을까요/ㄹ까요?

1. 1) 아침을 먹지 않으면 과연 살이 빠질까?
   2) 날마다 늦는 친구가 오늘은 과연 일찍 올까?
   3) 과연 우리 학교가 축구 대회에서 1등을 할까?
   4) 과연 학생들이 문제를 풀 수 있을까?
   5) 교실에서 휴대 전화를 사용할 수 있으면 과연 학생들이 수업을 열심히 들을까?
2. 1) 햄버거가 과연 저 사진처럼 고기도 크고 채소도 많이 들어 있을까요?
   2) 과연 삼겹살을 혼자서 15인분을 먹을 수 있을까요?
   3) 과연 저 신발을 신으면 허리가 안 아플까요?
   4) 과연 교과서만 열심히 공부하면 대학 입학 시험을 잘 볼 수 있을까요?
   5) 과연 청소기로 미세 먼지까지 다 없앨 수 있을까요?

-어/아/여 가면서

1. 1) 친구는 눈물을 닦아 가면서 이야기를 했다.
   2) 전에 그 일을 해 본 사람에게 물어봐 가면서 일을 한다.
   3) 상대방의 말을 들어 가면서 자신의 이야기를 해야 한다.
   4) 옆과 뒤를 봐 가면서 운전을 해야 한다.
   5) 오빠가 지도를 봐 가면서 길을 찾았다.
2. 1) 읽어 가면서
   2) 물을 마셔 가면서
   3) 도서관에서 자리를 옮겨 가면서
   4) 아직 자막 없이 보는 것은 힘들어서 자막을 읽어 가면서 영화를 봐요.
   5) 다른 사람의 생각도 들어 가면서 일을 해야 더 좋은 결과가 나올 텐데요.

20-1 설날

☆ 어휘

1. 1) 설마 2) 세뱃돈으로 3) 맞이해서 4) 덕담을
   5) 간신히 6) 마찬가지로 7) 쓸쓸했다

이야/야

1. 1) 나야 요즘은 특별한 일이 없으니까 언제든지 시간을 낼 수 있어.
   2) 책이야 옆 사람과 같이 보면 되니까 책이 없어도 수업에 오세요.
   3) 만두야 내가 정말 좋아하는 음식이니까 몇 접시라도 먹을 수 있어.
   4) 대도시야 대중교통이 잘 발달되어 있으니까 자기 차가 없어도 불편하지 않아요.
   5) 소나기야 잠깐 내리다가 금방 그치니까 지금 나가지 말고 여기서 좀 기다리세요.
2. 1) 설문 결과 정리야 컴퓨터 프로그램을 사용하면 쉽게 할 수 있으니까
   2) 발표지야 고등학교 때부터 많이 만들어 봤으니까
   3) 영상 촬영이야 내 전공이니까
   4) 발표야 발표 내용만 정리되면 어렵지 않게 할 수 있어
   5) 발표 연습이야 한두 시간이면 다 할 수 있으니까

-으라고/라고

1. 1) 졸지 말라고 친구가 저에게 캔 커피를 줬어요.

2) 시험을 잘 보라고 친구에게 찹쌀떡과 엿을 사 줬어요.
3) 새해 복 많이 받으시라고 집안 어른들께 세배를 드렸어요.
4) 우리가 함께 보낸 시간을 잊지 말라고 반 친구들이 저에게 편지를 써 줬어요.
5) 좋은 일이 있을 때 마시라고 동료가 저에게 와인을 한 병 줬어요.

2. 1) 겨울을 따뜻하게 보내라고
2) 무슨 일이 생기면 연락하라고
3) 피곤할 때 편하게 쉬라고
4) 필요한 것을 사시라고 돈을 드렸어요.
5) 약속을 잊어버리지 말라고 메시지를 보냈어요.

20-2 추석

✩ 어휘

1. 1) 슬슬 2) 보름달은 3) 커다란 4) 차례 상 5) 조상

-게²

1. 1) 그릇이 깨지지 않게
2) 잠 좀 자게
3) 머리를 좀 식히게
4) 가지고 다니면서 쓰게
5) 여럿이 나눠 먹게

2. 1) 네가 아침에 잘 일어나게
2) 다른 사람에게 피해를 주지 않게
3) 미끄러지지 않게
4) 휴대 전화를 잃어버리지 않게 항상 휴대 전화부터 챙기는 습관을 들이세요.
5) 부모님이 걱정하시지 않게 자주 전화를 드리세요.

-으랴/랴 -으랴/랴

1. 1) 동호회 활동(을) 하랴 학원(에) 다니랴 주말에도 바쁘다.
2) 경치(를) 구경하랴 사진(을) 찍으랴 시간 가는 줄 몰랐다.
3) 교수님 설명(을) 들으랴 들은 내용(을) 메모하랴 정신이 없었다.
4) 학교(에) 다니랴 밤늦게까지 아르바이트(를) 하랴 항상 피곤하다.
5) 낮에는 회사에서 일하랴 밤에는 집안일(을) 하랴 몸이 열 개라도 모자란다.

2. 1) 발표지(를) 만들랴 발표 내용(을) 외우랴
2) 짐(을) 싸랴 가족과 친구들에게 줄 선물(을) 사랴
3) 문제(를) 읽으랴 답(을) 찾으랴
4) 여기저기 구경하랴 늦게까지 같이 쇼핑하러 다니랴 하루가 짧았어요.
5) 주문(을) 받으랴 계산(을) 하랴 정말 바빴어요.

색인

문법 색인

ㄱ

-게 마련이다 13과 2항
-게[2] 20과 2항
-게요 16과 1항
-게요? 5과 1항
-겠지요 6과 2항
-고 보니까 4과 1항
과연 -을까요? 19과 2항
-기에는 2과 2항
-길래 7과 2항
까지 6과 1항
-꼴로 18과 1항

ㄴ

-는 것처럼 12과 2항
-는 경우에 4과 2항
-는 김에 13과 1항
-는 둥 마는 둥 하다 17과 1항
-는 듯이 10과 1항
-는 만큼 17과 2항
-는 바람에 8과 2항
-는 법이다 10과 2항
-는 수가 있다 18과 1항
-는 수밖에 없다 8과 1항
-는가 하면 15과 1항
-는걸요 5과 1항
-는다 -는다 하는 것이 8과 1항
-는다고[1] 17과 2항
-는다고 보다 9과 2항
-는다고 할 수 있다 10과 2항
-는다고 해도 12과 1항
-는다고 해서[2] 3과 2항
-는다고요 14과 1항
-는다는 15과 1항
-는다니까 11과 1항
-는다든가 -는다든가 11과 1항
-는다며 19과 1항
-는다면야 14과 2항
-는지 6과 2항
-는지요? 4과 2항

ㄷ

-다가 보니까 1과 1항
-다가 보면 5과 2항
-다가는 13과 2항
-다지요? 15과 2항
-더니[1] 3과 1항
-더니[2] 11과 2항
-더니[3] 16과 2항
-더라고요 6과 1항
-던가요? 16과 1항
-던걸요 7과 2항
도 이지만 1과 2항
-도록 하다 16과 2항
-도록[1] 2과 1항
-도록[2] 7과 1항
-든지 -든지 15과 2항

ㅁ

만 아니면 10과 1항
만 해도 13과 1항
만이라도 7과 1항

ㅇ

-어 가면서 19과 2항
-어서야 8과 2항
어찌나 -는지 2과 1항
-었다 하면 11과 2항
-었더라면 14과 1항
-었던 것 같다 3과 1항
-었어야 하다 5과 2항
-었을 텐데 17과 1항
에 관한 14과 2항
에 따르면 9과 2항
에 비해서 9과 1항
-으라고 20과 1항
-으랴 -으랴 20과 2항
-으려나 보다 18과 2항
-을 게 아니라 2과 2항
-을 겸 1과 1항
-을 따름이다 19과 1항
-을 수가 있어야지요 9과 1항
-을 텐데 4과 1항
-을걸 그랬다 12과 1항
이야 20과 1항

ㅈ

-지요 1과 2항

ㅊ

처럼 3과 2항
치고 12과 2항

ㅎ

하면 18과 2항

어휘 색인

ㄱ

가르다	15과 2항	대화
가리다	9과 1항	대화
가만히	6과 1항	대화
가맹점	5과 2항	대화
가상 계좌 입금	5과 2항	확장
가정	19과 2항	대화
가치관	4과 2항	확장
간섭하다	6과 1항	확장
간신히	20과 1항	대화
간편 결제	5과 2항	확장
간혹	12과 2항	대화
갈등	6과 1항	확장
갈수록	16과 1항	대화
감정	6과 1항	확장
개념	18과 1항	대화
개발	2과 1항	확장
개방적	18과 1항	확장
개선	18과 2항	확장
개성	16과 1항	대화
개의하다	17과 1항	확장
거두다	10과 1항	확장
건네다	12과 2항	대화
걷히다	13과 1항	확장
게다가	4과 1항	대화
격려하다	6과 2항	확장
격식적	12과 1항	확장
겪다	6과 1항	확장
경쟁	10과 1항	대화
경쟁력	10과 2항	확장
경제적	15과 2항	대화
경향	18과 1항	대화
계기	2과 1항	대화
계획적	11과 1항	대화
고가	5과 1항	확장
고래 싸움에 새우 등 터진다	15과 1항	확장
고려하다	19과 1항	대화
고생 끝에 낙이 온다	15과 1항	확장
고성방가하다	7과 1항	확장
고소하다	7과 2항	대화
고유문화	12과 2항	확장
공감하다	6과 2항	확장
공공질서	7과 1항	확장
공급	5과 1항	확장
공동생활	17과 2항	대화
공손하다	12과 1항	확장
공용	17과 2항	확장
과대	16과 2항	확장
관련되다	2과 1항	대화
교체하다	8과 1항	대화
구매하다	5과 1항	확장
구입	16과 2항	확장
구체적	11과 1항	대화
국가적	20과 1항	확장
굳이	10과 2항	대화
굵어지다	13과 1항	확장
권리	9과 2항	대화
권유	19과 1항	확장
귀를 기울이다	17과 1항	대화
그때그때	14과 2항	대화
그러게	1과 1항	대화
그림의 떡	15과 1항	확장
근무지	4과 2항	확장
금강산도 식후경	15과 1항	대화
금이 가다	8과 1항	확장
긍정적이다	3과 2항	확장
기성세대	18과 1항	대화
기업	2과 1항	대화
기획	14과 2항	확장
긴장감	10과 2항	확장
길눈이 어둡다	11과 2항	확장
깨닫다	13과 2항	확장
깨지다	10과 1항	확장
꼼꼼하다	3과 1항	대화
꼽히다	7과 2항	대화
꾸미다	18과 2항	대화
꾸준히	2과 2항	확장
끊임없이	18과 2항	대화
끌다	14과 2항	대화
끼치다	8과 2항	확장

ㄴ

나가다	8과 1항	확장
난리	9과 1항	대화
낡다	8과 1항	확장
낭비하다	11과 1항	대화
내성적이다	3과 1항	대화
내세우다	19과 2항	대화
냉정하다	3과 2항	확장

넘다	13과 1항	대화
넘쳐나다	9과 1항	대화
놓다[1]	1과 2항	대화
놓다[2]	12과 1항	대화
눈이 높다	11과 2항	확장
눈이 빠지게 기다리다	11과 2항	확장
눈치를 보다	17과 1항	대화
느긋하다	3과 1항	확장
느끼하다	7과 2항	확장
능력	2과 1항	확장

ㄷ

다 되다	8과 1항	대화
다가오다	7과 1항	대화
다소	16과 2항	대화
다재다능	4과 1항	확장
다정하다	3과 2항	확장
담당자	4과 1항	대화
담당하다	14과 1항	확장
담백하다	7과 2항	대화
답변	4과 2항	대화
당당하다	17과 1항	확장
당분간	5과 2항	대화
대립	9과 2항	확장
대범하다	3과 2항	확장
대비하다	18과 1항	대화
대여소	15과 2항	대화
대여하다	5과 1항	대화
대중가요	12과 2항	확장
대중문화	12과 2항	확장
대하다	4과 2항	대화
덕담	20과 1항	대화
덜렁거리다	3과 1항	대화
데우다	1과 1항	확장
데치다	1과 1항	확장
도대체	8과 2항	대화
도심	11과 2항	대화
도입하다	5과 2항	대화
독립	19과 1항	대화
돌다리도 두들겨 보고 건너라	15과 1항	확장
돌리다	13과 1항	대화
동거인	17과 2항	확장
동기	2과 1항	확장
동의	9과 2항	확장
되도록	16과 2항	대화
두렵다	17과 1항	확장
둘러보다	17과 2항	대화
둘러싸이다	18과 2항	대화
둘레	15과 1항	대화
뒤떨어지다	10과 1항	대화
들이다[1]	1과 2항	대화
들이다[2]	5과 1항	대화
따다	6과 2항	대화
따지다	8과 2항	확장
딱	6과 2항	대화
떠올리다	18과 2항	대화

ㅁ

마구	7과 1항	대화
마련하다	9과 2항	확장
마음껏	15과 2항	대화
마음대로	9과 2항	대화
마음먹다	1과 1항	대화
마찬가지	20과 1항	대화
마침	1과 1항	대화
만족스럽다	11과 1항	확장
만족시키다	15과 2항	확장
만족하다	11과 1항	확장
맞이하다	20과 1항	대화
매너	6과 1항	대화
매력	15과 1항	대화
매체	2과 2항	대화
매콤하다	7과 2항	확장
멀어지다	10과 2항	대화
면	16과 2항	대화
몇몇	7과 1항	대화
모나다	3과 2항	확장
목줄	7과 1항	대화
몸에 배다	1과 2항	확장
못되다	3과 2항	확장
무단 횡단하다	7과 1항	확장
무시하다	6과 1항	대화
무절제하다	16과 2항	확장
무조건	12과 1항	대화
무책임하다	8과 2항	확장
무표정	3과 1항	대화
문화적	20과 1항	확장
묻다	16과 1항	확장
뭐라고 하다	17과 1항	대화
미루다	11과 1항	대화
믿는 도끼에 발등 찍힌다	15과 1항	확장

ㅂ

바르다	1과 2항	확장
박람회	4과 1항	대화
반려동물	7과 1항	대화

반성하다	11과 1항	대화
반영하다	14과 2항	대화
반응	14과 2항	대화
받아들이다	12과 2항	확장
발길	13과 1항	대화
발달	18과 2항	확장
발이 넓다	11과 2항	확장
발이 묶이다	11과 2항	확장
발전	4과 2항	확장
밥상	1과 1항	대화
방안	9과 2항	확장
방해	1과 2항	대화
배경	20과 1항	확장
배려하다	6과 1항	대화
배보다 배꼽이 크다	15과 1항	확장
번쩍번쩍	20과 2항	확장
번화하다	18과 2항	확장
벌어지다	13과 1항	확장
범인	14과 1항	대화
벗어나다	13과 2항	대화
보름달	20과 2항	대화
보수적	18과 1항	확장
복지	4과 2항	확장
볼록	20과 2항	확장
부담	4과 1항	대화
부담스럽다	10과 2항	대화
부르다	8과 1항	대화
부수다	18과 2항	대화
부정적이다	3과 2항	확장
분명히	6과 2항	대화
분석하다	9과 1항	확장
불룩	20과 2항	확장
불만족스럽다	11과 1항	확장
불쾌하다	6과 1항	대화
불평	3과 2항	대화
불필요하다	16과 2항	대화
붐비다	7과 2항	대화
비격식적	12과 1항	확장
비결	7과 2항	대화
비교적	17과 2항	대화
비리다	7과 2항	확장
비우다	15과 2항	확장
비합리적	18과 1항	확장
빗줄기	13과 1항	대화
뿌옇다	13과 1항	대화

ㅅ

사교성	10과 2항	확장
사다	17과 1항	대화
사라지다	13과 2항	확장
사생활	17과 2항	확장
사적	17과 2항	확장
사항	19과 1항	확장
사회를 보다	14과 1항	확장
사회자	14과 1항	확장
사회적	16과 1항	대화
삭제하다	9과 1항	확장
산책로	15과 1항	대화
살아남다	10과 1항	대화
삶	15과 1항	대화
상당히	2과 2항	대화
상부상조	4과 1항	확장
새다	8과 1항	대화
새롭다	13과 2항	확장
새치기하다	7과 1항	확장
새콤하다	7과 2항	확장
색다르다	7과 2항	대화
생산	5과 1항	확장
생중계	14과 2항	확장
서서히	2과 2항	대화
석양	13과 2항	대화
선불	5과 2항	확장
선호하다	10과 2항	대화
설득하다	9과 2항	확장
설마	20과 1항	대화
설치하다	8과 1항	확장
성과	10과 1항	확장
세면대	8과 1항	대화
세뱃돈	20과 1항	대화
소곤소곤	20과 2항	확장
소극적이다	3과 1항	확장
소심하다	3과 2항	대화
소재	14과 1항	대화
속상하다	6과 2항	확장
손발을 맞추다	17과 1항	대화
손보다	8과 1항	확장
손쉽다	1과 1항	확장
손을 잡다	11과 2항	확장
손이 가다	1과 1항	확장
손이 크다	11과 2항	확장
손해	8과 2항	확장
쇠뿔도 단 김에 빼라	17과 2항	대화
수거료	5과 1항	대화
수군수군	20과 2항	확장
수동적이다	3과 1항	확장
수요	5과 1항	확장

단어	과	구분
수준	2과 2항	대화
숙면	1과 2항	대화
숙이다	12과 1항	대화
슬슬	20과 2항	대화
시도하다	4과 1항	대화
시선	17과 1항	확장
시스템	5과 2항	대화
시야	13과 2항	확장
시작이 반이다	15과 1항	확장
시청자	14과 1항	확장
시청하다	14과 1항	확장
시키다	1과 1항	대화
식히다[1]	1과 1항	확장
식히다[2]	13과 2항	대화
신경을 쓰다	7과 1항	확장
신중하다	19과 1항	대화
실시간	14과 2항	대화
실천하다	11과 1항	확장
심각하다	16과 1항	대화
심정	6과 2항	대화
씁쓸하다	7과 2항	확장
쏙	20과 2항	확장
쑥	20과 2항	확장
쓸쓸하다	20과 1항	대화

ㅇ

단어	과	구분
아무래도	1과 2항	대화
아무튼	12과 1항	대화
아쉽다	5과 1항	대화
안전모	15과 2항	대화
안정	11과 2항	대화
안정시키다	15과 2항	확장
암기하다	2과 2항	확장
앞날	19과 2항	대화
양방향	14과 2항	확장
여건	19과 1항	확장
여럿	17과 2항	대화
여부	9과 1항	대화
여유롭다	13과 2항	대화
연령	12과 1항	확장
연봉	4과 2항	확장
연속	6과 2항	대화
영업	4과 2항	대화
영향	3과 2항	대화
영향력	10과 2항	확장
예감	19과 2항	확장
예고	19과 2항	확장
예능	14과 1항	대화
예방	19과 2항	확장
예비	19과 2항	확장
예상	19과 2항	확장
예전	3과 1항	대화
오가다	14과 1항	대화
오로지	13과 2항	대화
오염시키다	15과 2항	확장
오히려	7과 1항	대화
온종일	10과 1항	대화
온통	11과 2항	대화
올리다	10과 1항	확장
완벽하다	2과 2항	확장
완성하다	16과 1항	대화
완전히	13과 2항	대화
왠지	12과 2항	대화
외면하다	17과 1항	확장
요구하다	8과 2항	확장
요청하다	8과 2항	대화
우연히	2과 1항	대화
우왕좌왕	4과 1항	확장
우울하다	6과 2항	확장
우유부단	4과 1항	확장
울먹거리다	3과 1항	대화
원래	18과 2항	대화
원만하다	3과 2항	확장
웬만하다	8과 2항	대화
위반하다	8과 2항	확장
유비무환	4과 1항	확장
유창하다	2과 2항	확장
의견	9과 2항	대화
의사	6과 1항	확장
의사소통	2과 1항	확장
의식하다	17과 1항	확장
의심	9과 1항	대화
의욕	6과 2항	대화
의존하다	2과 2항	대화
이기적	3과 2항	대화
이래저래	5과 2항	대화
이롭다	1과 2항	확장
이루어지다	19과 2항	대화
이상적	18과 1항	확장
이익	16과 1항	확장
이해시키다	15과 2항	확장
인간관계	12과 1항	확장
인권	9과 2항	대화
일거양득	4과 1항	대화
일교차	13과 1항	확장
일부분	10과 2항	대화

일어나다	14과 1항	대화
일행	12과 2항	대화
일회용품	16과 2항	대화
입력하다	9과 1항	확장
입소문	7과 2항	대화
입에 담다	11과 2항	확장
입이 무겁다	11과 2항	확장
입이 짧다	11과 2항	확장
입주하다	17과 2항	대화

ㅈ

자격	4과 2항	대화
자제하다	16과 2항	확장
자투리	11과 1항	대화
작심삼일	4과 1항	확장
작업	9과 1항	대화
잠들다	1과 2항	대화
잡곡밥	1과 1항	대화
장비	15과 2항	대화
장시간	10과 1항	대화
재사용하다	16과 1항	확장
재충전하다	13과 2항	확장
재활용하다	16과 1항	확장
저가	5과 1항	확장
저렴하다	5과 1항	대화
저장하다	9과 1항	확장
저지르다	8과 2항	확장
적극적이다	3과 1항	확장
전달되다	9과 1항	대화
전달하다	6과 1항	확장
전문적	9과 1항	대화
전송하다	9과 1항	확장
전화위복	4과 1항	확장
점검하다	11과 1항	확장
접하다	12과 2항	확장
정	3과 2항	대화
정기적	17과 2항	대화
제시히다	9과 2항	확장
제약	17과 2항	확장
제작자	14과 1항	확장
제작하다	14과 1항	확장
제한하다	9과 2항	대화
조그맣다	20과 2항	확장
조상	20과 2항	대화
조회 수	14과 2항	확장
존댓말	12과 1항	대화
존중하다	12과 1항	대화
졸졸	20과 2항	확장
종교적	20과 1항	확장
종종	8과 2항	대화
주거	12과 2항	확장
주도적이다	3과 1항	확장
주위	19과 1항	확장
줄줄	20과 2항	확장
증가하다	16과 1항	대화
지나치다	6과 1항	대화
지불하다	5과 2항	확장
지원자	4과 2항	대화
지위	12과 1항	확장
지치다	6과 2항	확장
진로	4과 1항	대화
진보적	18과 1항	확장
진출하다	2과 1항	대화
진행자	14과 1항	확장
집단	18과 1항	확장
집세	19과 1항	대화
짖다	7과 1항	대화
짙다	13과 1항	확장
짭짤하다	7과 2항	확장
쪽	4과 2항	대화

ㅊ

차례 상	20과 2항	대화
차리다	1과 1항	대화
참석하다	17과 1항	대화
참여하다	14과 2항	대화
채팅	10과 2항	대화
책임감	10과 2항	확장
책임지다	7과 1항	대화
처리하다	16과 1항	확장
철없다	19과 1항	대화
최근	7과 2항	대화
최소화하다	16과 2항	확장
출연자	14과 1항	확장
출연하다	14과 1항	대화
충격	12과 2항	확장
친밀감	10과 2항	확장

ㅋ

커다랗다	20과 2항	대화
콘텐츠	14과 2항	대화
콩콩	20과 2항	확장
쾌적하다	18과 2항	확장
쿵쿵	20과 2항	확장
쿵쿵거리다	8과 2항	대화
키	8과 1항	대화

ㅌ

타고나다	3과 2항	대화
타인	17과 1항	확장
토론	9과 2항	확장
토의	9과 2항	확장
투자	18과 1항	대화
틈틈이	11과 2항	대화

ㅍ

판단	9과 2항	대화
판단력	10과 2항	확장
편리성	10과 2항	확장
편집	14과 2항	확장
펼쳐지다	19과 2항	대화
평가자	14과 1항	확장
평생	3과 2항	대화
포근하다	12과 2항	대화
포함되다	5과 1항	대화
퐁당	20과 2항	확장
표시	5과 2항	대화
표지판	15과 1항	대화
풍덩	20과 2항	확장
풍습	20과 1항	확장
피하다	6과 1항	확장
피해	8과 2항	확장

ㅎ

한잔하다	11과 2항	대화
한창	19과 2항	대화
할부	5과 2항	확장
합리적	18과 1항	확장
합의하다	9과 2항	대화
항의하다	8과 2항	대화
해롭다	1과 2항	확장
해소	6과 1항	확장
해치다	1과 2항	확장
향상되다	2과 2항	확장
향상시키다	15과 2항	확장
향하다	10과 1항	확장
현대	12과 2항	확장
현대인	10과 1항	확장
현실적	18과 1항	대화
형편	19과 1항	확장
호기심	2과 1항	확장
호랑이도 제 말 하면 온다	15과 1항	확장
화창하다	13과 1항	대화
확장	18과 2항	확장
환경 오염	16과 1항	대화
활기차다	18과 2항	확장
활발하다	3과 1항	대화
효과적	2과 2항	대화
효율적	10과 1항	대화
후불	5과 2항	확장
훈련시키다	15과 2항	확장
흔하다	10과 2항	대화
흥미	2과 1항	확장
흥미롭다	14과 1항	대화